《自粛社会》をのりこえる

「慰安婦」写真展中止事件と「表現の自由」

安 世 鴻・李 春 熙・岡本 有佳 編

第1章　表現はどのように消されていくのか
――ニコンサロン写真展中止事件から見えるもの…李 春 熙…2
『重重』より……写真＝安 世 鴻…17
コラム　「受け手」の観点から表現の自由を考える契機に……宮下 紘…24
第2章　表現者・被写体・鑑賞者、三者の権利を守るたたかい
安世鴻さんに聞く……聞き手・岡本有佳…26
第3章　自粛の空気に対抗して
浮いた人になろう……赤川次郎…37
女性国際戦犯法廷の渦……石原 燃…42
〈表現の不自由事態〉をどうのりこえるか
――韓国・抵抗と連帯の営みに学びつつ……岡本有佳…48
「慰安婦」にされた女性たちに共感した少女たち…仁藤夢乃…57
なぜ日本社会は「慰安婦」問題を理解できないのか
――現在進行形の性差別構造を生きる私たち…北原みのり…65
日本における排除の構造の由来
――フェイク・ニュースと自粛……西谷 修…72
「表現の不自由」をめぐる年表

※ 表紙写真＝曹 黒 毛　一九四一年動員　慰安所：山西省

岩波ブックレット No. 973

第1章　表現はどのように消されていくのか
――ニコンサロン写真展中止事件から見えるもの

李春熙

いま、社会の中で意見が対立しているとされるテーマに関して、有形無形の圧力・抗議を原因として、表現活動が中止に追い込まれる例が相次いでいる。

それは往々にして、ネットを中心に「反日」のレッテルを貼られて炎上したことを契機としているが、騒動になるやいなや、火消しのために表現活動が即時中止されてしまう。そればかりか、抗議や炎上を避けるために、あらかじめ活動を行わないことにする「自粛」のハードルは、年々低くなっているようだ。中止という対応が適切な危機管理であるとして賞賛されることすらある。

ここでは、そのような社会を「自粛社会」と呼ぶことにしたい。

ニコンサロン事件は、日本軍「慰安婦」をテーマにした写真展が抗議行動をきっかけに中止に追い込まれた事件であり、自粛社会を象徴する事例である。事件は、ニコンから一方的な中止通告を受けた写真家の安世鴻《アンセホン》さんが、これに屈さず、裁判所の仮処分命令を得て写真展開催を実現し、さらにニコンの責任を追及して裁判闘争に臨み、勝訴判決を獲得するという経過をたどった。

この事件に弁護士として関わった経験から、自粛社会において表現はどのように消されていくのかを検証し、その背後に潜む病理について考察したい。なお、事件の詳しい経過と裁判資料は、『誰が〈表現の自由〉を殺すのか――ニコンサロン「慰安婦」写真展中止事件裁判の記録』（御茶の水書房）を参照していただきたい。

事件の経過①　仮処分申請

安世鴻さんは韓国出身で、現在は日本の名古屋市を拠点に写真家としての活動を行っている。

ニコンは、周知のとおり、日本を代表するカメラメーカーであり、写真文化の普及・向上に寄与することを目的として、銀座、新宿、大阪の三カ所に「ニコンサロン」というギャラリーを設置している。ニコンサロンで写真展を開催するためには、著名な写真家・批評家らが委員を務めるニコンサロン選考委員会での選考を突破する必要があり、ここで写真展を開催すること自体が、若手写真家にとって大きな意味がある。ニコン自身、ニコンサロンは「日本の代表的写真家の登竜門的存在を果たしてきた」と自負している。

安さんは、二〇一一年一二月、日本軍「慰安婦」をテーマにした写真展「重重《じゅうじゅう》　中国に残された朝鮮人元日本軍「慰安婦」の女性たち」を企画して、元日本軍「慰安婦」の写真四〇枚を添付し、ニコンサロンの使用を申し込んだ。安さんの写真は、選考委員会から高い評価を受け、二〇一二年六月二六日から七月九日までの期間、写真展を開催することが決まった。

選考通過後、安さんは、ニコンサロン事務局との間で、事前ＤＭのデザイン調整や写真キャプションの作成提出など、写真展開催へ向けた事務的な準備を進めた。その過程では写真展の内容に対する異議は一切出なかった。

ところが、二〇一二年五月、この写真展開催を伝える新聞記事がインターネット上に転載され、これが「ネット右翼」の注目を浴びたことから、事態は急転する。ネット上に、「反日写真展」、「ニコンに抗議を」など、写真展を開催するニコンへの抗議を呼びかける書き込みが現れ始めた。

五月二一日午後から、ニコンを直接のターゲットとして、写真展開催に抗議する電話やメールが寄せられるようになる。そして、ニコンは、五月二二日、写真展の中止を一方的に決めて安さんに通告した。中止決定までに、ニコン側から安さんに対して一切の連絡はなかった。中止決定を通告する際にも、担当社員からは中止理由についての具体的な説明はなく、「諸般の事情」との説明が繰り返されるだけだった。

安さんは、一方的な中止通告を到底受け入れることができなかった。そして、当初の合意どおり写真展を開催するため、法的手続きをとることを決断した。中止決定の時点ですでに写真展会期は一か月後に迫っており、安さんは、東京地裁に写真展会場使用を求める仮処分を申し立てた。

仮処分手続きの中で、ニコンは、「ニコンは便益を提供しているだけで、安世鴻氏との間に契約は成立していない」「写真展を中止したのは、安世鴻氏の写真展が政治活動の一環と判明したからである。ニコンサロンは「写真文化の向上」を目的として設置運営されており、政治活動のための使用は応募条件違反である」などと主張して争ったが、東京地裁は、二〇一二年六月二二日、申立人（安さん）の主張をほぼ全面的に認め、ニコンに対し、契約どおりニコンサロンを提供するよう義務づける仮処分命令を発した。

ニコン側の一方的な中止決定と、その後の仮処分決定を受けての開催という異例の経過をたどったこと、また、それが広く報道されたこともあって、写真展には七九〇〇人（安さん集計）もの人々が来場した。写真展の期間中、「在日特権を許さない市民の会（在特会）」をはじめとする反対者、妨害者らが断続的に来場したが、若干の小競り合いが生じたほかは、大きな混乱もなく、写真展は終了した。来場者アンケートでも、写真展を賞賛する声が大多数であった。

ところがニコンは、写真展終了後も、自らの中止決定について公式の謝罪を行わなかった。それればかりか、「アンコール写真展」として予定されていた大阪ニコンサロンでの写真展については、「仮処分決定の対象に含まれていない」ことを理由に、引き続き会場提供を拒絶した。「ニコンは裁判所の決定でやむなく会場を提供しただけで、自らの判断で慰安婦写真展を開催するものではない」という体裁を絶対に崩したくなかったのだろうか。ここに至って、安さんは、「中止決定の真の理由」を明らかにし、ニコンの責任を正面から問うことによって、同様の事件が再び起こることを防ぐため、仮処分の申立にとどまらず、本訴を提起することにした。

事件の経過②　損害賠償請求訴訟

ニコンと、ニコンの役員らを被告とした損害賠償請求訴訟は、二〇一二年一二月二五日に提訴された。

審理は丸三年に及んだが、その過程で、中止決定を主導したニコンの担当役員に対する尋問も実施され、中止決定に至る事実経過が明らかにされた。また、ニコンの中止決定は、「表現の伝達と交流の場」を遮断するもので、表現の自由という憲法的価値をも損ねるものだったのではないか、という点についても、議論が交わされた。

判決は二〇一五年一二月二五日に言い渡された。その内容は、ニコンと安さんとの間に写真展開催契約が成立していたことを認めた上で、ニコンの中止決定が「ニコンが原告と何ら協議することなく一方的に本件写真展の開催を拒否したものであり」、「原告の表現活動の機会を奪うものであり」不法行為に該当する、と明確に判断し、ニコンに一一〇万円の賠償を命じるものであった。
ニコンは控訴せず判決はそのまま確定し、事件は安さんの勝訴で幕を閉じた。ただし、敗訴判決確定後も、ニコンから安さんに対する公式の謝罪は実現していない。

明らかになった中止決定の真の理由

安さんが、仮処分決定によって写真展が無事開催されたことだけに満足せず、正式に訴訟を提起することにした最大の理由は、中止決定の「真の理由」を明らかにするためだった。なぜ世界的カメラメーカーであるニコンが、ネットや電話などによるものでしかなかった「抗議」に屈してしまったのか。企業は一体何を恐れたのか。真相究明の場として法廷を機能させることが、安さんと弁護団の目的だった。

そして、裁判の中で、ニコン側から提出された資料や、関係者らの陳述、証言などから、次のような事実経過が明らかになっていった。

ニコンは、抗議が寄せられてから二四時間も経たないうちに、写真展の中止を決定していた。ニコン宛ての最初の抗議メールは五月二一日一三時五九分に、抗議電話は同日一四時四五分に寄せられている。事態を察知したニコンは、翌朝早朝から担当役員らが中心となって対応策を協議し、五月二二日の午後一時から開催された社内会議で、早くも中止の方向性が決定された。直後に開かれた午後二時からの会議では、会長、副会長、社長という「トップ3」に対して、事実経過と中止の方向性が報告され、中止決定が正式に承認された。

この二四時間弱の間にニコンに寄せられた「抗議」なるものは、記録上、電子メールが四〇通、電話が一六件程度にすぎなかった。内容も、「不買運動をする」「反日企業」といった紋切り型の誹謗中傷であり、サロンの運営や企業経営への悪影響を心配しなければいけないような性質のものではなかった。ニコンという大企業が恐れるべきものでは全くなかったのである。

しかし、ニコンの役員らは、そんな幻のような「抗議」を、実態のあるものとして受け止め、企業経営への悪影響を恐れて、写真展を即時に中止することで不安の芽を摘もうとしたのである。

ニコンは、抗議の声をどのように評価し、企業としての判断に斟酌《しんしゃく》したのか。裁判では、担当役員だった岡本恭幸常務（当時）の証言により、その具体的事情が赤裸々に明らかになった。

岡本常務は、五月二一日の午後七時すぎに、抗議メールがニコンのホームページに寄せられているとの報告を受けて事態を知った。そして、翌二二日の朝九時から自らインターネットを検索し、写真展をめぐる書き込みを閲覧した。「2ちゃんねる」を生まれて初めて見て、そこに書き込まれている内容に衝撃を受けたという。岡本常務は、スレッドに書き込まれた「ニコンに対して不買運動を展開すべき」、「暗殺で対抗するしかない」、「ニコンを日本から追い出すんだ」などの内容を、すべてニコンに対する直接の危害告知と捉えた。

岡本常務は法廷で「実は、恥ずかしながら2ちゃんねるを見たのは、そのときが生まれて初めてでありまして、いや、いろんな人がいろんなことを言ってるんだなと思いました」、「(暗殺で対抗するという書き込みについて)暗殺というか、そういう非常に刺激的なメールっていうか、2ちゃんねるがありましたんで、危機感を持ったのはまちがいないです」と、あけすけに証言している。

そして、さらにネットを閲覧する過程で、在特会による「ロート製薬事件」の抗議動画に行き当たった。動画を見たときの心境について、岡本常務は、「本当に旗を振って怒号、すごい抗議で激しい内容で、警備員に挑みかかったり、かなり緊迫したような動画でした」、「ああいうネットに書かれていることが、本当にこういう風に乗り込んでやるんだということで、非常に現実のものになるという危機感を覚えました」「この人たちが多分(写真展を)やると乗り込んできて、非常に危険な行為を行うんじゃないかなと思いました」とも証言した。

このようにして、岡本常務は、ニコンに直接寄せられた抗議はわずか数十件であったにもかかわらず、インターネット上の書き込みや動画に過剰に反応し、中止の判断を下したのだった。

排外主義団体の抗議行動が、一部上場企業の経営判断に現実的な影響を与えたのである。ニコンに直接寄せられた抗議は、街宣車や特攻服を用いた強硬手段ではなく、メールや電話という、ある意味ではささいなものにすぎなかったのだが、ネット上の書き込み・動画とあいまって実態以上に大きな「恐怖」として捉えられ、過剰反応を生んだ。現代日本における排外主義の果たしている一つの現実が、この事件には現れていたというべきである。

なお、ニコンは裁判の中で、安さんをはじめとする関係者の安全を考慮して中止を決定したとも主張していた。しかし、ニコンは、中止決定までの間に、安さんと一度も連絡をとっていない。

仮にニコンが、真に安さんらの「安全のため」に中止を決定したというのであれば、何よりもまず、安さんの安否を尋ねるべきだろう。そして、ニコンが、これは表現の自由に対する侵害である、写真家とともに表現の自由を守らなければならない、という気持をわずかでも有していたのであれば、安さんに開催についての意向を確認し、悩みを共有すべきであった。ニコンは、安さんの安否・意向を一度も確認しないまま、拙速に中止決定へと突き進んだのであり、そこでは過剰な企業防衛意識だけが暴走していた。

以上のような事実経過をふまえて、東京地裁の判決は、経営陣が恐れた「危険」が、いずれも「現実の危険」ではなく、中止を正当化するものではないと断じた。判決は、「インターネット上の匿名のユーザーによって断片的に書き込まれたこの種の書き込みの存在から、直ちにその言葉どおりの行動が現実に行われる危険性が高まっていたと認めることはできない」、「(ロート製薬事件などの事例について)関係者の生命身体に危害が及ぶような状況にあったとはうかがわれない」、「本件写真展を開催すれば原告その他の関係者の生命身体に危害が加えられる現実の危険が生じていたとは認められない。不買運動のおそれについても……実際に不買運動が高まり被告会社が多大な損失を被る現実の危険が生じていたとは認められない」などとして、ニコンの主張を退けた。

判決が正当に指摘したように、ニコンが問題とした抗議行動は、いずれも実態のあるものとはいいがたく、ニコンが、当初から表現の自由を守るという立場を明らかにして毅然と対応すればば事態は収束に向かっていたはずであり、安さんが表現の場を奪われることも、ニコンが表現の自由の「抑圧者」としての悪評を背負うこともなかったと考えられる。

表現の伝達と交流の場を維持する責任

また判決は、表現の伝達と交流の場をどのようにして守るべきか、という憲法的価値判断をふまえて、ニコンサロンの運営者としてのニコンの責任を断じた。

憲法21条第1項は、集会の自由を保障している。集会の自由は、いうまでもなく表現の自由の重要な一形態である。そして、集会の自由は、集会に対して、道路、公園、広場、公会堂といった一定の場所の提供を公権力が拒んではならないという権利、言い換えるならば、集会をもとうとする者が、公共施設の管理者たる公権力に対し、公共施設の利用を要求できる権利を含んでいる、とされる。

これまで最高裁判所は、「泉佐野市民会館事件判決」(一九九五年)において、公の施設の利用申請に対する不許可が許されるのは、「単に危険な事態が生ずる蓋然性があるというだけでは足りず、明らかな差し迫った危険の発生が」、「客観的な事実に照らして具体的に明らかに予測される場合でなければならない」との判断の枠組みを示した上で、抗議・妨害行動との関係では、「主催者が集会を平穏に行おうとしているのに、その集会の目的や主催者の思想、信条に反対する他のグループ等がこれを実力で阻止し、妨害しようとして紛争を起こすおそれがあることを理由に公の施設の利用を拒むことは、憲法21条の趣旨に反する」と判示した。

また、「上尾市福祉会館事件判決」(一九九六年)では、さらにすすんで、抗議・妨害行動のおそれを理由に公の施設の利用を拒むことができるのは「警察の警備等によってもなお混乱を防止することができないなど特別な事情がある場合に限られる」と判断した。

このように最高裁は、抗議行動によって一定の混乱が予想される場合でも安易に集会を中止・拒絶することは許されない、妨害者・反対者には警察等と協力して適切な警備体制を組むことで対応すべきである、という判断を明確に示してきている。その後の下級審判例も、このような最高裁の判断基準に沿って、抗議等を理由とした安易な使用拒否・中止について厳しい判断で臨んでいる例がほとんどである。

その背景には、次のような懸念があるといえるだろう。「抗議行動があり混乱が予想される」ことを理由として集会自体を中止してしまうと、集会に反対する者たちが実力で抗議行動、妨害行動を起こすことで、その集会を中止に追い込むことが可能となってしまう。これは、集会の反対者・妨害者に、事実上の集会中止権限を与えることに等しい。抗議を理由に安易に集会を中止することは、集会の自由を有名無実化させかねない。このような考え方は、アメリカの判例理論では、「敵意ある聴衆の理論」と呼ばれている。

ニコンサロン事件では、このような最高裁の判例理論が、「私企業の設置した会場」でも同様に適用されるのかが問題となった。

東京地裁の判決は次のように判示して、契約の当事者には「契約の目的の実現に向けて互いに協力し、その目的に沿った行動をとるべき信義則上の義務」があり、ニコンの中止決定はそのような義務に反する不法行為であると認定した（傍線引用者）。

本件契約は、原告にとって、良質な表現活動の場の無償提供を得られるという利益がある一方、被告会社にとっても、自社のショールームに併設された展示場で継続的に良質な写真作品の展示を行うことにより、企業評価が高まるとともに、カメラ及び関連機材の販売促進につながるという利益が得られることを期して締結されたものであり、原告の側でも、写真展の開催に向けて、写真パネルの制作その他の準備を自己の負担において進めていたことに加え、本件契約は、原告が表現物を提供し、被告会社が表現活動の場を提供することを主たる債務の内容とするものであって、被告会社がその一方的な判断により会場を使用させる義務を履行しないと、原告は表現活動の機会を失わされることになることも考慮すると、上記のとおりの被告会社の一連の対応は、そのような対応をとったことにつき正当な理由があると認められる場合でない限り、契約の当事者として、契約の目的の実現に向けて互いに協力し、その目的に沿った行動をとるべき信義則上の義務に反し、不法行為が成立するというべきである。【中略】

このような場合、被告会社としては、まずは契約の相手方である原告と誠実に協議した上、互いに協力し、警察当局にも支援を要請するなどして混乱の防止に必要な措置をとり、契約の目的の実現に向けて努力を尽くすべきであり、そのような努力を尽くしてもなお重大な危険を回避することができない場合にのみ、一方的な履行拒絶もやむを得ないとされるのであって、被告会社が原告と何ら協議することなく一方的に本件写真展の開催を拒否したことを正当とすることはできない。

つまり、判決は、私企業が運営する施設であるニコンサロンについても、「表現活動の場を提供する」という契約の目的に照らせば、正当な理由がない限り、「契約の目的の実現に向けて互いに協力し、その目的に沿った行動をとるべき」であり、抗議行動等については、「まずは契約の相手方と誠実に協議した上、互いに協力し、警察当局にも支援を要請するなどして混乱の防止に必要な措置をとり、契約の目的の実現に向けて努力を尽くすべきであ」ると判断したのである。

これは、先に述べた公の施設の利用に関する憲法理論の趣旨を、私企業の運営する施設にも及ぼしたものとして評価できる。私企業が、自身の運営する施設の管理運営権限を有することは当然であるが、判決は、「表現活動の場を提供する」という契約の目的解釈を通じて、私企業の恣意的な利用拒絶に一定の制約を課し、表現者の表現の自由を保障しようとしたのだ。

裁判長は、尋問の最後に、岡本常務に対して、「表現の場を提供する機会を持っている者として、中止判断が社会の在り方に与える影響をどの程度考慮したのか?」と質問していた。判決は、「在特会などの抗議者・妨害者が騒いだからといって、安易に写真展を中止することは、抗議者・妨害者に表現活動の中止権限を与えることに繋がりかねない、ひいては自由に表現できる社会を損なうことになる」という危機感を共有していたといえるのではないか。

企業社会の病理

加えて、ニコンサロン事件の経験は企業をはじめとする巨大組織の抱える病理を照らし出した。岡本常務への尋問の中で印象的な発言があった。ニコン側弁護士による質問が、抗議が寄せられていることを察知した岡本常務が、「トップを含めて情報の共有が必要」というメールを返信したことに話が及んだときだった（傍線引用者）。

【代理人】　これはなぜトップを含め情報の共有が必要なんでしょうか。

【岡本】　まあそれは仮定ですけれども、例えば抗議行動が来たときに、私がプレジデントの立場でトップに知らせないと、これはもう会社としてはえらいことになりますので、報告しなければならないというふうに思いました。怒られますね。

【代理人】　トップに報告しないとどうなりますか。

【岡本】　それはもう怒られると思います。何やっているんだと。

「怒られる」という表現は、その後の反対尋問でも登場した。

私は法廷で、脱力するような思いでその発言を聞き、同時に底知れない恐ろしさを感じた。自身の決定が表現者の表現の場を奪う行為であることや、世界的カメラメーカーが抗議行動に屈することの社会的意味に想像力を及ぼすのではなく、組織の論理や、個人的利益を優先する思想が、そこには現れている。私には、この「怒られる」という発言が、事件の本質の一面を象徴しているように感じられた。

政治哲学者ハンナ・アーレントは、『イェルサレムのアイヒマン』において、ユダヤ人虐殺の実行者であるアイヒマンを、出世や昇進に過大な興味を示すだけで自身の行動が及ぼす破滅的な結果には想像力の及ばない、一介の小役人として描き出した。アーレントはこの書籍の副題を「悪の陳腐さについての報告」としている。一人の能吏が、純粋に実務的観点から課題を解決するとき、そこでは組織内の論理のみが尊重され、それを離れた普遍的価値——たとえば、人権、正義、公正——が後景に退いてしまう。どのような組織にもありうるそうした病理は、まさに陳腐で凡庸なものであるがゆえに、我々は日常生活の隅々でそれに向き合わざるを得ないのである。

安さんの表現の場は、右翼的な思想を持った経営陣が「反日」的な写真展に対して実力行使をしたために奪われたわけではなかった。中止決定は、トップに「怒られる」ことを恐れた一人の組織人が、実態のない「抗議の声」に動揺し、その評価を誤り、拙速に判断した結果生まれたものだった可能性が高い。

ニコンは何を恐れたか

「自粛社会」では、あからさまな暴力や実力行使だけが表現を奪うのではない。社会全体の雰囲気を察知して、あるいは組織内に波風をたてることを嫌って、あらかじめ混乱の芽を摘んでしまおうとする、そのような陳腐で凡庸な思想が、表現を奪うのである。

ニコンは何を恐れたのか。表面上は排外主義者たちの直接行動であり、実質的にはネット上にあふれる匿名の悪意を恐れたのである。それが、裁判闘争の過程で明らかになった、とりあえずの結論である。巨大企業は、社会に充満しつつある、排外主義的な雰囲気を察して、それに自ら屈してしまったのである。

しかし、裁判で明らかになったのは、ニコンが恐れた危険の正体は、実態を伴わない、幻のようなものだったということである。世界的なカメラメーカーであり、誰よりも写真家と表現者の側に寄り添わなければならないニコンは、その危険の正体を正確に見きわめて適切に対応すべきだったのであり、そしてそれは可能だった。ネットに現れた抗議の声は、いまだ「現実の危険」ではなかったのであり、ニコンは、安さんと誠実に協議した上で、契約の目的であるよりよい写真展の実現に向けて努力を尽くすことで、混乱は回避できただろう。

そして、ニコンサロン事件の経験は、突発的な事態に直面したとき、たとえば匿名の悪意のターゲットにされたときに、目の前の「危険」に近視眼的に反応するのではなく、より大きな普遍的価値——たとえば、表現の場を守ること——を参照し、一度立ち止まって考えることの必要性を教えている。判決のいう「誠実に協議した上、互いに協力し、契約の目的の実現に向けて努力を尽くす」が意味しているのはそういうことだと、私には思える。

ニコンサロン事件は、「反日」的な表現に関連して攻撃を受けた企業が、毅然とした対応をせず、恐れなくてもいい危険を過大に評価した結果、表現自体を抑圧する側にまわってしまった不幸な事例である。

しかし、安さんはそのような抑圧に屈することなく、写真展の開催を求めて仮処分手続きに挑み、さらに真相の究明を求めて裁判を闘った。その結果、表現者が抑圧に屈することなく立ち上がることで、表現の場を回復していくことが可能であるという希望を示すことに成功した。その成果は、行政・企業を問わず、表現の場を管理運営するすべての人びとに対するエールとなった。

抗議の正体を見きわめ、普遍的価値判断に立ち返り、それぞれがそれぞれの持ち場で、当然行うべき判断をいつもどおり行うだけで、表現の場を守ることはできると、この事件は示している。

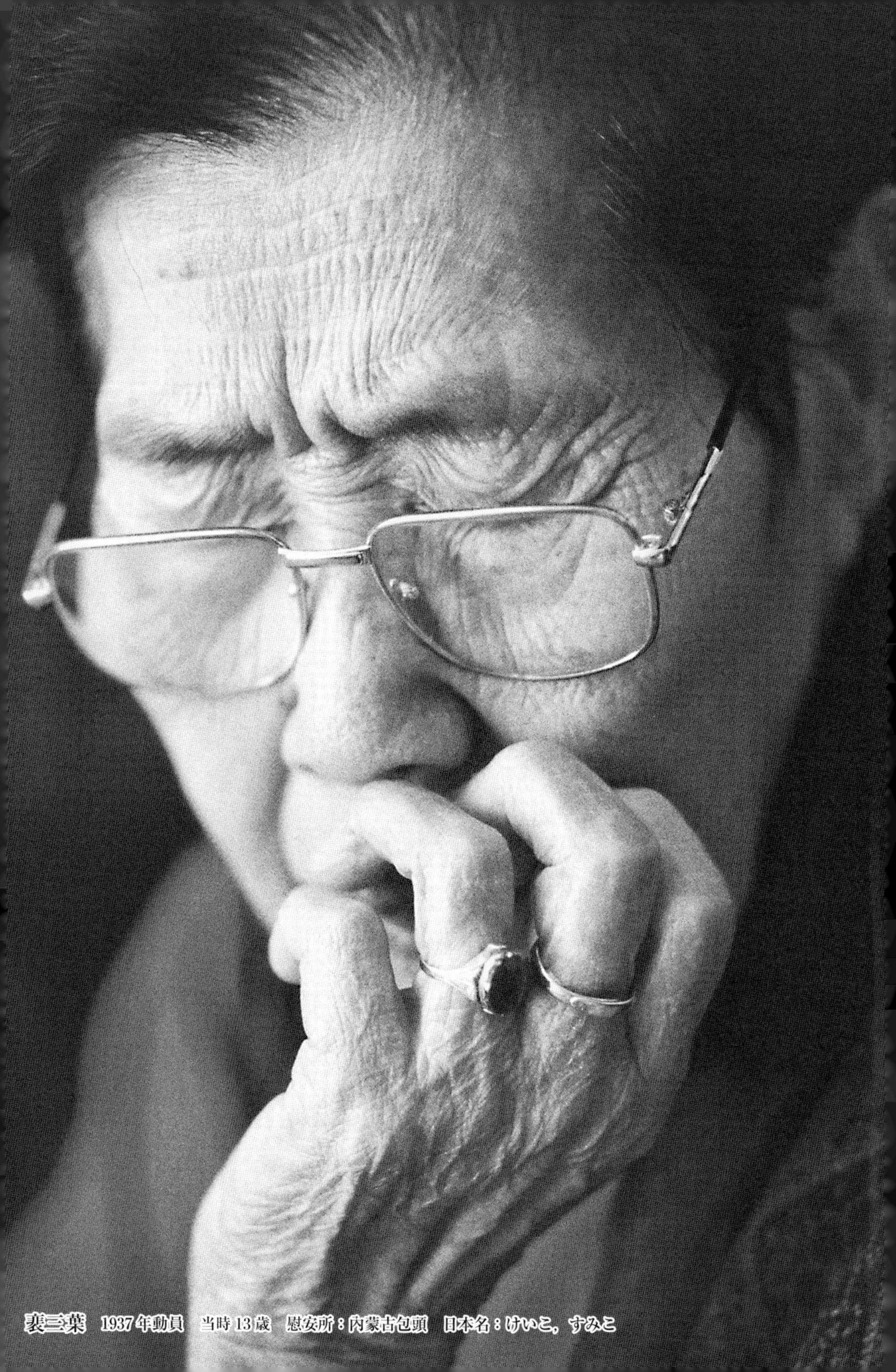

裵三葉　1937年動員　当時13歳　慰安所：内蒙古包頭　日本名：けいこ，すみこ

李壽段　1940 年動員　当時 19 歳　慰安所：牙城，石門子　日本名：ひとみ

朴大妊　1934年動員　当時22歳　慰安所：奉天，満州の各地　日本名：覚えていない

朴又得　1935年動員　当時16歳　慰安所：青島，上海　日本名：覚えていない

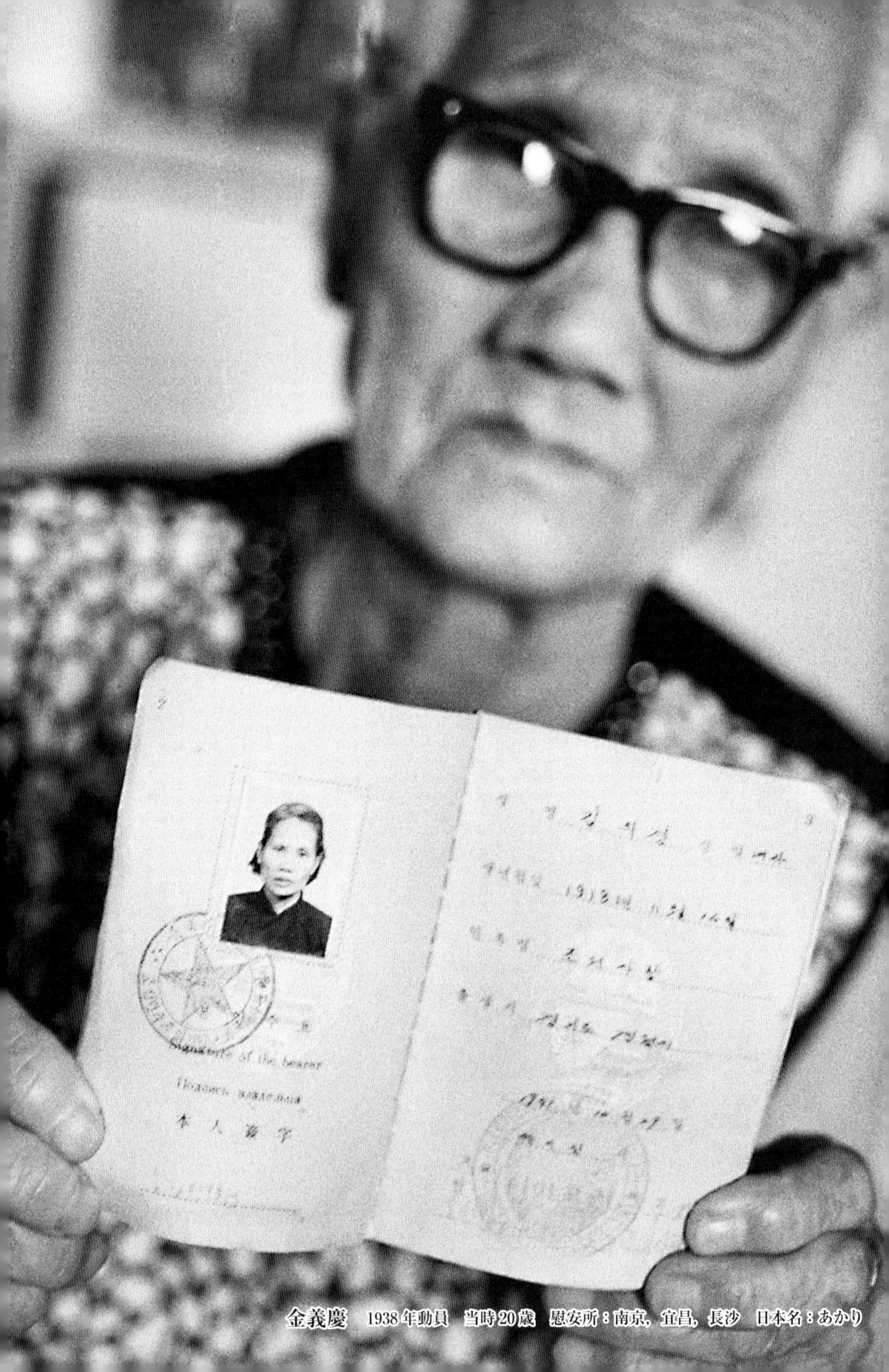

金義慶　1938年動員　当時20歳　慰安所：南京，宜昌，長沙　日本名：あかり

朴徐云　1934 年動員　当時 20 歳　慰安所：春花　日本名：さしき

玄炳淑　1934年動員　当時17歳　慰安所：錦州，蚌埠，九江，中国各地　日本名：ほしやましずこ

金順玉　1942 年動員　当時 21 歳　慰安所：東寧，石門子　日本名：かよこ

「受け手」の観点から表現の自由を考える契機に

宮下　紘

表現は、人に喜び、怒り、悲しみ、楽しみをもたらす。表現によって怒りや悲しみが作り出されたとしても、そのことだけでその表現を奪い去ることはできない。ある写真家の写真に対する抗議を理由に、その写真の展示を取りやめにしたことが問題となったニコンサロン写真展における裁判では、まさに表現の自由の意義が再確認されることとなった。

日本国憲法第21条第1項は、「集会、結社及び言論、出版その他一切の表現の自由は、これを保障する」と宣言している。かつて最高裁判所は、表現の自由における送り手と受け手の間の「思想及び情報の自由な伝達、交流の確保という基本的原理」(最大判昭和五八年六月二二日)を示した。すなわち、表現の自由は、情報の伝達という送り手の自由のみならず、「他面において、これを受ける者の側の知る自由の保障をも伴うものと解すべき」である(最大判昭和五九年一二月一二日)。

情報は、送り手から受け手への一方向の流れではなく、送り手と受け手との間で双方向に交流されるものである。ある裁判官の言葉を借りれば、「表現の自由は他者への伝達を前提とするのであって、読み、聴きそして見る自由を抜きにした表現の自由は無意味となる」(最大判昭和四四年一〇月一五日、色川幸太郎裁判官反対意見)。

写真家にとって、撮影された写真は、一定の場において写真芸術に高い関心を有する「受け手」に伝達されて初めて、その表現の自由としての本質的な価値を備えることとなる。とかく写真や絵画等の芸術は鑑賞に供されることを目的としており、芸術を鑑賞する者である表現の「受け手」の自由がきわめて肝要である。写真展における写真を通した表現活動を奪うことは、単にその写真を展示する「送り手」の自由への侵害であるのみならず、その写真を鑑賞する「受け手」の自由をも奪い去られてしまうこととなる。

仮に特定の写真の展示に対して論争や批判をもたらすことがあったとしても、送り手と受け手の双方にとって表現の自由がもつ重要性を軽視してはならない。日本の最高裁判所はこれまでも表現の自由を守るため、これに対抗する勢力による危険が生じたとしても、表現の伝達と交流の場の保障を行ってきた。具体的には、単に表現行為に対する危険があるとする場合の基準については、「明らかな差し迫った危険の発生が具体的に予見されることが必要である」(最大判平成七年三月七日)とした。すなわち、反対勢力などの抽象的な危険に屈して表現の自由を譲歩させるのではなく、明白かつ現在の危険という厳格な要件を立てて表現の自由のための場を擁護してきた。

東京地方裁判所は、表現の自由論について正面から論じなかったものの、写真家とその受け手の表現の自由を踏まえた判決(東京地判平成二七年一二月二五日)を下した。判決では、写真展における写真家とニコン側との間の契約について、「原告が表現物を提供し、被告会社が表現活動の場を提供することを主たる債務の内容とするもの」と認定した。すなわち、写真展を表現活動の場であるということを前提として判断を下しており、その限りにおいて、判決では表現の自由を十分に意識した上で、結論を導き出したのである。

さらに、東京地裁は、表現活動の場を守る観点からすれば、単に写真展の開催に反対する電話、メール、掲示板への書き込みだけでは、「現実の危険が生じていたとは認められない」と判断した。ここでも、先例に照らして、「重大な危険を回避することができない場合にのみ」写真展の開催の再検討が認められるにすぎないとして、表現活動の場をできる限り広く保障しようとする姿勢が確認できる。

これにより判決は確定し、原告の写真家の主張が認められた形となった。ニコン側が控訴をしなかったのは、写真展を通じた「写真文化の向上」という理念を掲げた表現活動の場への理解、そしてなによりも写真展に来場した多くの写真愛好家である「受け手」の存在があったものと考えられよう。この裁判は、「受け手」の観点から表現の自由を改めて考える機会を与えてくれた。

日本人は空気を読むことが得意であって、論争や批判を呼び起こしそうな表現を思いとどまることがある。それは決して悪いことではない。しかし私たちの社会には、表現をして初めて真実が明らかになったり、異なる意見から合意を調達することができることがある。空気によって自由な表現を封じ込めることは、真理の探究を遠ざけてしまう。批判や論争を呼び起こすからと自由な表現を自粛することは、健全な民主主義の成長を妨げる。表現の自由の「萎縮効果」は、気づいた時には取り戻すことが困難な状態に陥らせてしまう可能性がある。表現は、送り手と受け手との間の交流を通じて初めて意義あるものとなるのだ。

一人の写真家の表現の自由への侵害は、多数の写真を愛好する者の表現を受け取る自由への障害となる。そして、今日の写真家の表現の自由への侵害は、明日の写真家の表現活動への萎縮をもたらす。この裁判は、一人の写真家の写真がもつ表現の自由の重みを再確認させる裁判となった。

第2章　表現者・被写体・鑑賞者、三者の権利を守るたたかい

安世鴻さんに聞く

聞き手・岡本有佳

突然の中止通告

――写真展中止事件からの五年を振り返り、その闘いの意味と思いを語っていただきたいと思います。

安　私は中国で出会った日本軍「慰安婦」被害者であるハルモニ（おばあさん）たちについて、写真というアートをとおして多くの人に関心をもってもらいたいと、二〇一一年一二月、ニコンサロンに写真を送りました。年が明けて一月、日本の著名な写真家や評論家五人（土田ヒロミ、大島洋、伊藤俊治、北島敬三、竹内万里子の各氏）からなる選考委員会で評価を受け、写真展開催の通知が来たのです。ハルモニたちの痛みを日本の人たちに伝える機会になると思い、どれほど喜んだかわかりません。

ところが、告知の案内はがきも刷り上がり、配布していた五月二二日の夜、ニコンサロンの担当者から突然、写真展を中止にするという電話が来たのです。何度尋ねても、「諸般の事情」という言葉を繰り返すばかり。すぐ質問状も出しましたが、理由はまったくわからない。責任者の人と話したいと言っても応じてもらえず、個人的な力ではどうにもならないと、弁護士に相談することになったのです。写真展まで一カ月と迫っていたので、東京地方裁判所に写真展開催を求める仮処分申請をしました。ニコンは写真をとおして政治的活動をしようとしている、契約関係

ではないなどと主張しましたが、結局、写真展開始の四日前、東京地裁の施設使用を命じる仮処分決定が出たのです。そうして六月二六日に写真展は始まったのですが、ニコン側は弁護士や社員に私の一挙一動を監視させ、入口には金属探知機を設置、観客はみんな荷物を検査されました。図録の販売も禁止、来場者の方々が持ってきた花まで禁止になりました。それでも二週間で約七九〇〇人もの人が来てくれました。

―― 私も事件を知ってすぐ駆けつけ受付を数日手伝いましたが、展覧会として異様な雰囲気でした。写真展中止事件が発覚するや、東京・練馬と大阪で市民による写真展が企画・準備されましたね。

安　ええ。写真展開催中に、この非常識な形での写真展に憤った永田浩三さん（武蔵大学教授）から、ゆっくり写真とむきあえる写真展を開こうと提案があったんです。

―― すぐ私にも連絡があり、永田さんと二人で練馬・江古田にあるギャラリー古藤《ふるとう》に行き、早速実行委員会を作り、八月二八日から九月九日まで「重重《じゅうじゅう》：中国に残された朝鮮人元日本軍「慰安婦」の女性たち　安世鴻写真展」を開催しました。

安世鴻さん

安　タイトルの「重重」とは、彼女たちの顔に刻まれた皺《しわ》と、心に積み重なった苦痛の重さを意味しています。連日さまざまなゲストを招き、写真展中止事件の背景や「慰安婦」問題、表現の自由などについてトークイベントを開催し、一三日間で約一三〇〇名の観客が訪れるという大盛況でした。こうした中でも右派団体の妨害を受けました。しかし、こうした攻撃を予想して実行委員会では自主的な警備の体制を作っていたのです。猛暑の中、交代で警備をしながら市民の知恵を集めて写真展を無事に開催できるようさまざまな工夫をしてくださいました。「不当な攻撃があっても、市民の力で無事に開催できることを証明する」という実行委員の方々の思いは私を大いに励ましました。

——**大企業ニコンが萎縮してできなかった写真展を総勢八〇名の市民が参加して無事に開催できたことは私たちにとっても「表現の自由」を守るための貴重な経験となりました。大阪ではどうでしたか？**

写真展では警備員が配備され，荷物検査が実施された．数日後には金属探知機ゲートまで設置された（2012 年 6 月 28 日，ニコンサロン，撮影：張俊熙）

安　新宿に続き、九月に大阪ニコンサロンで予定されていたアンコール写真展もニコンが中止通告をしてきました。私は大阪に関しては、新宿ニコンサロンのように法的手続きを経て開催するのではなく、ニコン自らが考えを改め開催することを願っていましたが、ニコンは拒否の姿勢を貫きました。それで関西で写真展を待ってくれている人たちを失望させたくないと思い、ジャーナリストの新藤健一さんをはじめさまざまな人の協力で大阪・心斎橋のピルゼンギャラリーを借り、一〇月一一日から一六日まで緊急抗議写真展を開催しました。しかしここでも妨害活動が始まり、ギャラリーのオーナーが不安だから中止したいと言ってきました。そのとき、大阪の写真展実行委員のメンバーらが写真展を安全に行うとオーナーを説得し、無事開催できたのです。その後、北海道・札幌などの都市で市民の人たちとともに写真展を開きました。

表現者だけの問題ではない

――　仮処分決定によって新宿ニコンサロンでの写真展は開催されたわけですが、安さんは二〇一二年一二月二五日に正式に訴訟を起こしました。

安　私はあくまでも写真家です。政治的な立場や活動として自分の写真を発表してきたことはありません。私が性奴隷被害女性たちを撮り始めてもう二〇年以上になり、約一三〇人と会いました。彼女たちは人間として、女性として、あり得ないような苦痛を受け、それから七〇年経ってもその苦痛は癒やされないのです。そうした心にこびりついたしこりのようなものを朝鮮語では恨《ハン》と言いますが、それを写真に撮り、伝えようとしています。

しかし、ニコンは写真展中止の「本当の理由」を明らかにすることなく、沈黙と拒否をしていました。それはニコンサロンの設立趣旨「写真文化の向上」を裏切る行為です。ですから、何よりもまず、「写真展はなぜ中止に追い込まれたのか」、その理由を明らかにし、「表現の自由」を侵害する不当な中止決定の違法性を問いたいと思いました。

なぜなら、これは私ひとりの問題ではないからです。戦争の痕跡と被害者たちの存在を知らせるために表現をする表現者はたくさんいます。その発表の場が奪われ、会場の自粛があたりまえのものとならないようこの裁判に勝たなくてはと思いました。また、芸術表現の場を守ることは、表現者だけの問題ではありません。写真に写ることを承諾してくれた被害者のハルモニたちの「伝える権利」、それを観る鑑賞者の「知る権利」を守るたたかいでもあります。つまり、表現の自由とは、表現者・被写体・観る人、その三者の権利と関係が保障されて初めて成り立つものだと思うのです。

――そうした「表現の自由」を守る闘いに対し、写真家や表現者、メディアの反応はどうでしたか?

安　海外と日本のメディアでは大きな温度差がありました。早くから欧米と韓国のメディアが大きく取り上げた一方で、日本のメディアは朝日新聞が継続して報道する以外は毎日新聞と東京新聞が少し取り上げた程度。テレビは反応が薄かったです。

写真家の中でいち早く積極的に対応をしてくれたのは日本ビジュアル・ジャーナリスト協会（JVJA）のメンバーと何人かの写真家でした。要望書をニコンに送り、裁判過程でも、既存の事例をあげさまざまなアドバイスをくれました。前面に出られなくても後方から応援してくれる人もいました。しかし、ほとんどの写真家は消極的でした。一例として、新宿のあるギャラリーで写真展をしようと連絡しポートフォリオを送ったのですが、その後連絡もなく、電話をかけても出なくなりました。ギャラリーの所有者が有名な写真家で、後でわかったことですが、銀座ニコンサロンで写真展をし、ニコンと密接な関係がある人でした。

韓国では三〇〇人を超える写真家が声明と署名を韓国ニコン側に伝えました。ただし、韓国のニコン所属の作家たちはいいかげんな対応でした。国境なき記者団も抗議文をすばやく発表しましたし、英国の写真家 Si Barber はホームページを通じてニコンの不当性を知らせ、世界中の写真家六一六人から署名が集まり、ニコンに抗議しました。

家族、友人まで攻撃が及んだ

――身の回りではどのようなことが起きましたか？

安　事件以後、仕事がなくなりましたね（笑）。生活のために商業写真を撮っていたのですが、クライアントから圧力がかかって仕事を切られました。「反日写真家」「韓国へ帰れ」「死ねばいい」など電話やファクス、郵便での攻撃もありました。私自身だけならまだ我慢できますが、家族や友人にも攻撃や嫌がらせが及んだことは許せません。また、裁判のため名古屋と東京を往復するために仕事に支障が出たりと、経済的な打撃も正直しんどいことでした。

――安さんが韓国人写真家であったことがこの事件の原点にあることも見逃せません。裁判が始まってからはどうですか？　私たちも責任を感じているのですが、支援の会の形がなかなかできなくて、最初の頃は大変で

した。

焼身抗議をした労働運動家の伝記

安　ええ。第一回口頭弁論にはレイシストたちが押し寄せ、法廷は厳戒態勢が敷かれ、私の意見陳述も大幅に制限されるという異様な形で始まりました。しかし、事件直後、集まっていた人たちはだんだん関心が薄れたのか、一時、傍聴者も減って大変でした。何より、ニコンサロン選考委員など著名な写真家や写真団体が沈黙したことが非常に残念なことでした。今回の写真展や裁判は人々と一緒に行うことがとても大切だったからです。しかし再度力を合わせようという動きが生まれ、二〇一三年一〇月に「教えてニコンさん！ニコン「慰安婦」写真展中止事件裁判支援の会」（以下「教えてニコンさん！」）ができ、裁判の意味を共有するとともに、裁判にかかわる費用を集めるために力を注いでくれました。その中で「慰安婦」問題解決運動の方たちとも連帯でき、判決に向けて徐々に関心を集め、傍聴席も毎回満席になり裁判に大きな力になりました。一二月にはギャラリー古藤で二度目の写真展を開催することができました。さらに、二〇一五年一月一八日から二月一日まで「教えてニコンさん！」の支援者が中心となって「表現の不自由展〜消されたものたち」を企画開催（ギャラリー古藤）し、私の作品や「平和の少女像」など日本で表現の自由を侵害された作品を集めて展示、一五日間で約二七〇〇名も来場したのです。ニコン事件も含め、日本社会で起こっている検閲・自粛などに対する問題意識を広める一つのきっかけになったと思っています。

――そもそも安さんはなぜ「慰安婦」にされた女性たちを撮るようになったのでしょうか？

安　私は一九七一年に韓国の江原道《カンウォンド》で生まれ、先天性内反足の手術のため一歳からソウルに移りました。小学生の時から一人でどこかへ行ったり、物作りが好きでした。初めて写真を撮ったのは中学三年の頃です。家に小さなカメラがあって……。高校では写真部に入り、毎週無料の野外公演に行ってはタルチュム（仮面を使った踊り・演劇）を撮っていましたね。自分も踊りたかったんですが、足が悪かったので一生懸命撮っていました。高校二年の頃（一九八八年頃）、全泰壱《チョンテイル》の伝記を読んで大きな衝撃を受けました。彼は教育もほとんど受けられず、一七歳でソウル市東大門市場にある縫製工場で働き始めます。そこで地方から出てきた貧しい女の子たちが劣悪な環境で働くのを見て苦しみ悩んで、独学で労働法を学び、労働運動に参加します。それでもなかなか改善されず、労働者も人間であることを証明しようと一九七〇年に焼身抗議をしました。彼はなぜ自分の体を賭けてまで抗議したのかを何度も考えました。高校の隣が大学で、学生デモが見え、全泰壱の経験と、デモの現場と、自分の気持がつながるような感じがしたのを覚えています。

もともと数学や理科が好きで、大学では物理学を専攻しました。学生新聞を作っていましたが、おもしろくなくなってひとりで写真を撮っていました。そのうち自分の限界を感じて二年生で休学。「社会写真研究所」という写真運動に参加して報道写真を学びましたが、また限界を感じて、友人たちと五〇年代の欧米のドキュメンタリー写真を学びながら、清渓川《チョンゲチョン》にある縫製工場で劣悪な環境で働く人たちを撮っていました。そこは全泰壹が働いていた場所であり、彼が焼身抗議をして労働運動に火がついた場所でした。そこが私の出発点かもしれません。

一年後に復学して一生懸命勉強し、卒業後は写真家のアシスタントをしながらフリーランスの写真家としての生活が始まりました。一九九六年、社会評論『道』という雑誌の取材で、初めて「慰安婦」被害者が共同で暮らす「ナヌムの家」へ行ったのですが、日帰りの予定が一泊の取材になりました。なぜなら、ほかのインタビューとはまったく違って、何を訊《き》いたらいいのか途方にくれてしまったんです。若さとか、男性であることもあったのかもしれません。ハルモニたちに質問するというより、ハルモニたちの話をひたすら聞くことに集中しました。

その取材から三カ月ほど自分の中で何かがひっかかって、ある日何か手伝うことはないですかとナヌムの家に電話をしました。そうしてボランティアとして通うようになったんです。そのうち敷地内にできる歴史館のための準備が始まり、遺品や資料を撮るため何日も泊まり込みました。年に十数回通い、三年ほど経ち、その頃からようやくハルモニたちを撮り始めました。写真を撮る目的で通っていたわけではありません。三年間通いながら、ハルモニたちの昔話をたくさん聴くことができ、彼女たちの苦しみ・痛みが私の中にだんだんしみ入ってくるように感じました。

その後、韓国挺身隊研究所でボランティアをしながら、朝鮮半島だけでなく、ほかの地域に住んでいる被害者について知るようになりました。二〇〇一年、中国に置き去りにされた被害者の調査に映像記録担当として参加し、その後はひとりで五年にわたり七回通いました。やはり最初は写真を撮るよりハルモニたちとたくさん話をして、親しくなりながら撮っていきました。

――安さんは裁判の期日をぬって取材活動を続けていましたね。

安　二〇一三年にフィリピン、一四年六月から中国の山西省(二回目)、フィリピン(二回目)、インドネシア、東ティモールを回りました。五カ国で会った六〇人の性奴隷被害者の写真展「重重写真展：消せない痕跡　アジアの日本軍性奴隷被害女性たち」を一五年九月に開催しました。「慰安婦」写真展を敬遠するギャラリーが多い中、東京・神楽坂のセッションハウスのオーナーが写真として評価してくれ、ぜひやりましょう！　と言ってくれたときはうれしかったですね。

＊　私は、この写真展から作品展での呼称を「慰安婦」ではなく「性奴隷被害者」と変更しました。彼女たちは日本軍兵士を〝慰安〟してあげたのではなく、自らの意志に反して性奴隷を強いられました。また、彼女たちを制度的に性奴隷化したのは朝鮮半島と台湾であって、それ以外では、日本が侵略した国と地域の女性たちを軍隊が不法に性奴隷化したのです。制度だけを見ると除外されてしまう人がいるということも含め、「性奴隷被害者」にしました。

「表現をさせない」は「考えさせない」につながる

――　裁判を傍聴していて一番驚いた場面は、当時担当役員だった被告本人・岡本恭幸氏の尋問（『誰が〈表現の自由〉を殺すのか――ニコンサロン「慰安婦」写真展中止事件裁判の記録』、御茶の水書房に全文収録）です。トップに「怒られる」と何度も繰り返し、終始、会社防衛のために理屈を並べているとしか思えませんでした。

安　荒唐無稽な発言にあきれ、管理者としてあまりに無責任だと思いました。こんな無責任な決定は社会の正義をだめにすると……。

――　最後に裁判長までこんな尋問をしましたね。「会社の中で高い立場におられる方として、身体の安全というレベルの意味での危険の一方に、表現の場を提供する機会を持っている者として、ここで中止という判断をすることが、社会のありかたに与える影響という話は、どの程度会議の中で出たんでしょうか」と。答えはそんな話は出なかったというものでした。

その年末、一二月二五日に判決が出ました。公的施設でも「表現の自由」を侵害する事件が増える今、民間施

設でも、抗議を理由に安易に表現活動を中止してはならない、という勝訴判決の意義は大きいと思います。

安　判決を聞いてうれしかったです。でも民主主義社会で当然の結果だと思います。残念だったのは、裁判および和解協議の過程で、ニコンからの公式謝罪、再発防止策への言及がなかったことです。ニコンには写真家を支える企業として同じ方向を向いてほしいと今でも思っています。

いまだ多くの表現物が不当な力によって圧力を受けています。とりわけ日本軍性奴隷に関する表現物がタブー視されている状況で、こんな事件が二度と再発しないよう、より多くの人々が粘り強い関心と監視をしていく必要があると思います。「表現をさせない行為」は「考えさえない行為」につながります。私は「表現の自由」を剝奪されましたが、もし私があきらめてしまったら自由を放棄することになる。「表現の自由」を守ることができなければ、「表現の自由」の権利を行使する資格はないと思うんです。私は今後も性奴隷被害者の取材を続け発表していきます。

参考文献

『重重：中国に残された朝鮮人日本軍「慰安婦」の物語』安世鴻著・写真、大月書店（二〇一三年）
『誰が〈表現の自由〉を殺すのか――ニコンサロン「慰安婦」写真展中止事件裁判の記録』安世鴻・李春熙・岡本有佳編、御茶の水書房（二〇一七年）
『ニコンサロン「慰安婦」写真展中止事件訴訟　資料集一』教えてニコンさん！ニコン「慰安婦」写真展中止事件裁判支援の会編集・発行（二〇一五年）
『検証・ニコン慰安婦写真展中止事件』新藤　健一編集、産学社（二〇一二年）
『表現の不自由展～消されたものたち』図録　同展実行委員会編集・発行（二〇一五年）

第3章　自粛の空気に対抗して

浮いた人になろう

赤川次郎

「モラルの崩壊」の予告

この原稿の執筆依頼の手紙を読んで、「あのニコンサロンの写真展中止事件」から、もう五年たつのか、と思い、一方でまだ五年しかたっていないのか、と思った。

その相反する思いは、この五年間の日本の社会の混乱を反映している。

それにしても、何と「ひどい五年間」だったろう！　そう、本当に「ひどい」という言葉しか思い付かない。

福島第一原発の事故は、最悪のメルトダウンを起こしたのに、誰一人として責任を問われることなく、放射能被ばくは放置され、再稼働へ向けて原発は次々に息を吹き返している。それを止める政治も司法もなく、次の大震災がどんな惨事をひき起こすか、マスコミは目をそむけたままだ。

ネットでは「人を傷つける楽しさ」に酔うことが大流行。若者は社会の闇には目をふさぎ、スマホのゲームとイベントの熱狂さえあれば満足している。

こんな世の中になることを、あの五年前、誰が想像していただろうか。今思えば「ニコンサロン」の出来事は、日本の社会の「モラルの崩壊」の予告だったのかもしれない。

レジスタンスに参加して処刑された俳優

私自身も、七〇歳になろうとする大人として、また四〇年書き続けて来た作家として、今の世の中に対して責任を負っている。

改めてその思いを深くしたのは、唐突かもしれないが、ＤＶＤで古い一本のフランス映画を見たのがきっかけだった。ジュール・ルナール原作『にんじん』。

女優大竹しのぶが、還暦の年齢で少年「にんじん」を舞台で演じると知って驚いたとき、ふと懐しくなってフランス映画『にんじん』を観た。ジュリアン・デュヴィヴィエ監督の『にんじん』は一九三二年、第一次世界大戦と第二次世界大戦の間に作られている。

今観ても新鮮な映像のみずみずしさ、親に愛されない少年の哀しみが胸に迫るこの傑作は、少しも古びていなかった。本編を見終った私は、何気なく出演者のプロフィールに画面を切り替えた。

主人公「にんじん」を演じたロベール・リナンは、何本かの映画に出演した後、ナチスドイツ占領下でレジスタンスに加わり、四三年に逮捕されて、その翌年、二三歳の若さで処刑されていたのだ。さらに、父親役のアリ・ボールはこのころのフランス映画の名脇役だったが、ユダヤ系の夫人を持っていたため、スパイ容疑で逮捕、拷問を受け、釈放の数日後に死亡していた……。もう私は同じ目で『にんじん』を観ることはできないだろう。さらに、当時のフランス人にとって、それはどんなに大きな衝撃だったかを思った。

戦後、フランスではナチスに協力的だった作家は執筆活動を禁じられた。私が中学高校のころ愛読していた作家に、ジャック・シャルドンヌがいる。『ロマネスク』『クレール』『愛をめぐる随想』など、文庫で読むことができた。その解説の中で、シャルドンヌがナチス協力者として、戦後ほとんど執筆活動ができなかったことを知った。

作家にとって、「書くことがなくなって」書けないのではなく、「書くことを禁じられる」のは、死刑宣告にも等しいだろう。ナチスの占領下、心ならずも協力した人もあったろうに、ずいぶん厳しかったのだな、と思った。しかし、人々に愛された俳優までも、容赦なく拷問・処刑にした権力に協力したことは、到底許せるものではなかったのだろう。

くり返された「一億総ざんげ」

もちろん、誰でも知っているように、日本では、第二次世界大戦下で戦意昂揚に協力した作家や音楽家でも、戦後誰一人責任を問われることはなかった。勇ましい軍歌を作詞作曲した詩人、作曲家は、戦後も「大先生」として、その世界に君臨した。

私はあの二〇一一年の「3・11」後の日本を見ていて、戦後の「無責任な日々」を思い出していた。東日本大震災、福島第一原発の事故は膨大な数の被災者を生み出した。むろんそれは傷ましいことである。

しかし、私はあのとき、「これは日本がこれまでの生き方、価値観を見直す大きな機会になる」と思った。

地震大国に原発を作り続ける非常識を反省し、グローバル化という名の格差社会を拒否する。そのために、まず弱者に目を向けて、アメリカに追従することをやめる。あれほど甚大な被害を受けたのだから、「今、日本にはアメリカ軍の面倒をみている余裕などない」と主張することは世界から認められただろう。

しかし、日本は結局そうはならなかった。戦後の「無責任体制」そのままに、「みんな原発の電力を使っていた」という言い方で、「一億総ざんげ」をくり返したのである。

そして信じられないことに、原発事故の処理の見通しも立たない内に、「オリンピック」に浮かれ騒ぐことになった。

日本は自らを省みる機会を失ったのだ。

忖度しない人間でいい

多方面からの反対の声を無視して「共謀罪」法が成立した翌日の、朝日新聞の「声」欄に、共謀罪に反対する私の投書が載った。一読者としての投稿が影響力を持つとは思わないが、私は一個人として「反対していた」ことを文字にして残しておきたかった。

戦後よく言われたように、子どもや孫たちから、「あのとき、どうして戦争に反対しなかったの？」と聞かれて答えられない大人でありたくなかった。

嘆くのはやめよう、今大切なことは、一人一人が、何かの形で、「この社会はおかしい」と声を上げ続けることだ。

以前、「空気を読めない」という意味で「ＫＹ」という言葉がはやったとき、私はいやな言葉だと思った。周囲に合わせることをよしとする日本の悪しき習慣を、若者言葉で言いかえることの危うさを感じた。

そして今、突然マスコミに登場したのが「忖度《そんたく》」である。私は冗談でも使いたくない言葉だ。言葉にすることなく、顔色をうかがって察する。それこそ「自粛」そのものではないか。言葉で主張し、言葉で納得することを、今、日本人は学ばなければならない。

私は作家として、「言葉」の力を信じたい。政治家が言葉を汚し続けても、「言葉は美しい」と言い続けようと思う。

安世鴻さんが写真で真実を記録したように。

あれから五年。「表現の自由」が失われようとする今、あの事件の意味することを改めて考える時期が来ているのかもしれない。

まず決心しよう。自分は「ＫＹ」でいい。忖度しない人間でいい、ということを。

そのせいで周囲から「浮いた存在」になっても、気にしない。

それこそ「自粛」の空気に対抗する第一歩である。

女性国際戦犯法廷の渦

石原 燃

社会を構成する現在進行形の問題

二〇一七年二月末から三月の初めにかけて、劇団Pカンパニーが私の新作戯曲『白い花を隠す』を上演した。二〇〇一年、旧日本軍による「慰安婦」制度を裁く女性国際戦犯法廷の紹介を試みたドキュメンタリー番組が、政治家から圧力を受けて改ざんされた「NHK番組改変事件」を題材にした物語だ。

上演にあたって、この題材を取り上げようと思った動機を何度も聞かれた。その度に、過去のことだと捉えられがちな「慰安婦」問題を、被害者の証言に頼ることなく、いまの日本における現在進行形の問題として捉えられる題材だと思ったからだ、と答えてきた。すでに有名な事件だったが、私自身調べてみてはじめて知ることも多く、まだまだ考えるべきことが残っていると判断していた。

「現在進行形の問題」というと、現政権への批判を目的としていると捉えられるかもしれないが、必ずしもそうではない。安倍晋三氏は「NHK番組改変事件」で、番組に対して圧力をかけたとされる政治家の一人で、この事件の中心的な存在だった。その安倍氏が政権の座についてから、加速度的に表現への規制が強くなっている。政治家によるメディアへの介入が度重なり、高市早苗総務相による電波停止発言までが飛び出した。特定秘密保護法や安保法制に続き、今国会では共謀罪法まで成立させ、報道の自由度ランキングでもランクは落ちる一方だ。

韓国政府との間で日韓合意を結び、被害当事者を置き去りにした罪も深い。加害者である日本側が「慰安婦」問題は解決したものとして居直っても、本当の意味での解決は遠のくばかりだ。こうした状況を考えれば、「ＮＨＫ番組改変事件」の延長線上に今があるのは間違いないと思う。

ただ、三年ほど前、この作品を書こうと思ったとき、私はここまでの状況を見越していたわけではなかった。もちろん危機感はあった。でも、現政権の政策に一石を投じたいという衝動よりも、少し時間をかけて、この事件を深く考えてみたいという気持の方が強かった。政府に対し緊急に声をあげるなら、直接スピーチをするのがいちばん早い。それに、現政権よりも、深刻さを増しながら世界のあちこちで起き続けている戦時性暴力についてなかなか議論が深まらず、女性に対する構造的な性暴力が許容されつづけている社会そのものに対して危機感を感じていたからだ。その社会が、いまの政権を支えているとも言えるけれど、もし、いまの政権が倒れても、社会が変わるとは限らない。だから、私は政権よりも、社会を構成している「規律」や「忠誠」や「孝行」に疑問を投げかけたかった。

私はこの作品において、ＮＨＫの下請けという立場で、企画を立て、現場を任されていた制作会社の人びとを物語の中心に据えた。ＮＨＫの人は会話のなかに名前が出てくるだけで、登場人物としてはひとりも出さなかった。

なぜＮＨＫではなく、下請けの制作会社の話にしたのか。

実を言えば私も、この事件を調べ始めたときは、NHKを舞台にしようと考えていた。番組が放送された時点で、現場の人たちには政治家の圧力は見えていなかったはずなので、制作会社を舞台にすると、政治家の圧力が描けないと思っていたからだ。でも構想を練るうちに、考えが変わった。この事件に政治家が絡んでいたということは、多くの人が既に知っている。劇中でそのことを示すのはそう難しいことではない。しかし、それ以上の様子については、NHKを舞台にしたところで、永田浩三さんなど当時NHK内部にいた人たちが証言している以上のことが描けるわけではない。演劇というものが事件の検証に向かないことを考えても、NHKを舞台にする意味はあまりないと思った。

それより、むしろ制作会社の人間模様に心を惹《ひ》かれた。政治家からの圧力が直接感じられたNHK内部よりも、制作会社の人びとの反応は多様だったように思う。常に巨大なピラミッド構造のなかにあって、親会社に従属している人もいれば、フリーの立場で組織と一線を画す人もいる。現場で実際に法廷に立った女性たちの声を聴いた人たちの存在も大きいだろう。そうした人間模様が、この事件の全体像だけでなく、私たちが生きている社会の縮図のようにも思えた。

誰もが持っている強さを描く

そして、その多様な人びとのなかに、当時ディレクターだった坂上香さんがいた。彼女は番組の制作側の人間としては、ただひとり、事件当初から番組への改ざんがあったことを告発していた。こうした題材を扱うとき、初めは善意だった人たちが、大きな力に絡め取られ、結果として加害者側になり、失意のうちに幕を閉じるというのが物語の定石で、特に日本の戦争を題材にしたものでは、ありきたりのパターンになっている。人間の弱さや矛盾を描くのはとても大切だと思うし、自分自身の弱さやずるさに正直になろうとすれば、声をあげられなかった人の位置に立って物語をつくりたくなるものだ。ただ、「人って弱いものだからしょうがないよね」と加害者側に共感するメッセージを送ることは、同時に被害者の人たちに対して「許せ」という圧力をかけることになってしまうという事実も考える必要がある。弱さに共感しただけで終わらせないために、坂上さんのような存在はどうしても必要だった。

とはいえ、その存在をどのように描くかは難しかった。舞台を観た人が、この人物のことを「自分とは違う立派な人」だと感じてしまったら、意味が無い。人は弱い。でも、強さも持っている。誰もが持っている強さを感じさせたかった。

結局、私がこの物語のために生み出した「藤田」という人物は、基本的には人の良さだけが取り柄のような人物になった。彼は、自分が誘い込んだ後輩のディレクター谷が排斥される場に直面したとき、天皇訴追のシーンをカットしなかったことについて、「もっとうまくやればいいのに」と思い、谷よりもっと「うまくやる」ために、上から指摘されそうな内容を先読みして、女性法廷の主催者が映り込んだシーンをカットした。この時点で藤田は、加害者側に立っていた。でも、その後彼自身が凄まじい圧力を受けるなかで、自分の加害者性をごまかしきれなくなっていく。彼は事件のなかで成長した。人は誰でも成長できる。それこそが人の強さというものなのだと思う。

「藤田」は、女性国際戦犯法廷が生み出した渦に呑みこまれていた。「藤田」だけではない、制作会社の人も、ＮＨＫの人も、圧力をかけてきた政治家さえも、渦のなかにいた。

真実の追究と、隠蔽とのせめぎ合いで生まれる渦だ。その核に、大日本帝国の戦争犯罪がある。

広がり続ける渦

どの国でもあることなのかもしれないが、この国では敗戦後ずっと、大日本帝国の戦争犯罪を忘れさせよう、隠蔽しようという力が働いてきた。私がずっと違和感を感じてきた「規律」や「忠誠」や「孝行」といった道徳観も、こうした隠蔽に加担してきた面があるのだと思う。多くの人が大日本帝国の戦争犯罪を、親の恥のように感じていたのだから。

女性法廷の原告となった女性たちは、旧日本軍に「慰安婦」にされ、性暴力を受けた。多くの性暴力被害者がそうであるように、彼女たちも初めは沈黙するしかなかったと思う。暴力の主体が、国や親といった絶対的な支配力を持つ者の場合、暴力を受けた者は、自分が悪かったと思って諦めるしかない。「慰安婦」に対する差別も根強く、助けを求めることすらできなかっただろう。帰国船が港に着く前に船から身を投げた人もいたという。その女性たちが、長い時間をかけて粘り強い支援を受け、「自分は悪くない」「恥ずかしくない」と言えるようになり、責任者を裁いてほしいという訴えにたどり着いた。そして、その訴えが国際社会に認められ、真実の追究が始まったのだ。絶対的な支配からの解放の瞬間である。それは、戦時性暴力だけでなく、親からの虐待や組織内でのいじめや嫌がらせなど、あらゆる暴力によって抑圧されてきた人びとにとって救いとなるものだった。だからこそかつての戦争犯罪を隠蔽してきた社会に渦を起こしたのだ。

あの事件は、政治家がある番組に圧力をかけたというだけではなく、敗戦後、連綿と続いてきた戦争犯罪を隠蔽しようとする力が、真実を追究しようとした動きに反応したのだ。それを忘れてはいけない。真実の追究と隠蔽とのせめぎ合いで生まれた渦は、いまも大きくなり続けている。

もちろん、これらのことがすべてうまく描けたとは思っていない。上演を経て、いろいろなご意見もいただいた。いつか再演の機会に恵まれたとき、諸々の条件が許せば、ここに書いたことも踏まえ、再検討してみたいと思う。

最後に、先日、宮古島で自衛隊の配備計画に反対している女性市議が、自身のFacebookに「(米軍との共同訓練が進む)自衛隊が来たら、絶対に婦女暴行事件が起こる」と書き込んだことに対し、インターネット上での誹謗中傷が起こり、市議会では辞職勧告決議が出される事態に発展した。

確かに「絶対に」というのは言い過ぎだ。ある属性を持った人びとを十把一絡げにして排斥すれば、差別だと批判されても仕方がない。でも、戦場での性暴力の歴史や、戦場において性暴力がどういう意味を持っているのかという問いを共有することもなく、彼女の発言を批判することができるだろうか。私は、この件もまた、大日本帝国が行った戦争犯罪を核とした渦のなかにある気がしてならない。「NHK番組改変事件」が起きてから一六年。真実の究明と隠蔽とがせめぎ合ってできた渦は、ますます勢いを強め、広がり続けている。ここまできたら、もう渦に気がつかずにいることは難しい。

気がついて、どうするか、まずは自分自身に問うてみたい。

〈表現の不自由事態〉をどうのりこえるか
——韓国・抵抗と連帯の営みに学びつつ

岡本有佳

判決報告集会で次の発言を聞いてギクリとした。今後は「作家だけでなく、観る者の権利侵害に抗し、表現者と共に原告になるなど主体的にかかわる闘い方ができれば」と言った小倉利丸さん（元富山大学教員、富山県立近代美術館検閲訴訟原告元事務局）の発言。そして安世鴻《アンセホン》さんとともに当事者として闘ったパートナー・李史織さんの「原告がどれほど孤独だったか」という言葉だ。

私はこの裁判支援に関わり、「表現の自由」（憲法第21条）の重要性について再発見させられたことがある。「表現の自由の担い手は、送り手と受け手の双方であり、そして両者による情報の伝達と交流の場が必要となる」（ニコン裁判、宮下紘中央大学准教授「意見書」二〇一四年四月四日、『誰が〈表現の自由〉を殺すのか』御茶の水書房に全文収録）。つまり、表現の自由の侵害とは、表現者の自由だけでなく、芸術を鑑賞する者たちの知る・感じる自由もまた侵害する＝思考する機会を奪う、ということ。しかも、両者の「情報の伝達と交流の場」がセットであることが憲法で保障されている「表現の自由」なのだと改めて気づかされたのだ。これは、たとえばヘイト・スピーチや性暴力表現などを繰り返す者たちが使う「表現の自由」が成り立たないことの、もう一つの明確な根拠となる。さらに、安さんは写真表現者として、被写体の権利も付け加える。

この問題意識からみたとき、私はともに原告として闘うといった発想をしていたのかと、判決報告集会で突きつけられた気がした。日本でとりわけ第二次安倍政権以降、「表現の自由」を侵害する事象が増加する中で、タブーを避ける、妨害予告におびえる、組織の論理に縛られる、こうした〈自粛〉を、表現者とともに私たち市民がどうのりこえるのか。私たちのささやかな試みを振り返りつつ考えてみたい。

〈自粛〉を可視化する試み～表現の不自由展

新宿ニコンサロン「慰安婦」写真展中止事件の二カ月後には、東京都美術館で、ソウルの在韓日本大使館前にある〈平和の少女像〉のミニチュアなど「慰安婦」をテーマにした二作品が、作家が知らないうちに会期四日目に撤去されるというとんでもない事件が起こっていた。こちらは、マスコミには一行も報道されることはなかった。

このように、知らないうちに表現の自由が次々と侵害されている。だったら、こうした事態を可視化する展覧会を開こう！　私たち「教えてニコンさん！　ニコン「慰安婦」写真展中止事件裁判支援の会」の中からこんな話が自然に出てきた。それから二年、二〇一五年一月一八日～二月一日、『表現の不自由展～消されたものたち』を東京・江古田のギャラリー古藤《ふるとう》で開催した。いまや集会・発表の場の確保さえ不自由な日本社会で、同画廊のオーナー、田島和夫さんと大崎文子さんご夫妻の決断なくしてこの展覧会は成立しなかった。というのも、過去二回の安世鴻写真展も受付や警備などの面でご夫妻の培った地元の市民の方々の協力があってこそ開催でき、今回の展覧会も攻撃や嫌がらせなどが予測され、それなりの対策が求められたからだ。最終的には総勢約八〇名でつくりあげた展覧会となった。一五日間で約二七〇〇人が来場し、「不自由さ」を感じている人がこれほど多いのかと驚かされた。全国紙・地方紙など日本のメディアの取材も相次いだ。しかし当初、マスメディアの記事には「少女像」の文字はなく、多くが九条俳句不掲載を取り上げていた。『朝日新聞』の「慰安婦」報道検証記事に始まるすさまじい朝日バッシング以来、見出しに「慰安婦」の語を使うことを自粛しているという記者までいた。

展覧会のために「表現の不自由」関連年表を作成してみると、二〇一二年（第二次安倍政権発足）から「表現の自由」を侵害する事象が、ヘイト・スピーチ、レイシズム（人種主義）の台頭と足並みを揃えるように頻発していることがわかった。気になるのは数の多さだけではない。長年タブーとされてきた天皇制や、日本軍「慰安婦」や南京大虐殺など、日本の加害・植民地支配責任を問う問題に対するバッシングが強まっていることに加え、「表現の自由」が侵害される対象の範囲が、3・11福島原発事故以降、放射能汚染、原爆、憲法九条といった問題にまでひろがっていることである。さらに二〇一五年以降の事件を追加整理してみると、安倍政権のメディア介入とあわせ、安倍政権批判の表現に対する自粛、〝忖度〟が明らかに増加していることがわかる。

これは、国際NGO「国境なき記者団」による世界報道の自由度ランキングと符合する。福島原発事故後、第二次安倍政権が発足すると、二〇一三年発表で一挙に三一位ダウンして一七九カ国中五三位、以降、特定秘密保護法強行採決などを経て下がり続け、二〇一六年にはここ一四年間で最悪の七二位に転落し、最新の二〇一七年四月発表も同じ七二位と主要七カ国（G７）で最下位となった。これは自由度を五段階に分けた三段階目の「顕著な問題」レベルだ。これに委員会採決を省略するという前代未聞の「共謀罪」法の強行採決が加わればさらに下降するだろう。

日本の「表現の自由」の状況について、二〇一六年四月、国連特別報告者デイビット・ケイ氏が来日調査、一七年六月に国連人権理事会に報告書を提出した。「メディアの独立性が重大な脅威にさらされている」とし、緊急の対策を求めている。来日時、放送法4条改正、秘密保護法で内部告発者の疎外、記者の萎縮などを懸念、日本はまず差別撤廃のための強い法律が必要、「慰安婦」問題など歴史問題では、中学校教科書の政治的意図が反映される検定プロセスへの懸念などについて発言。また、調査に応じたジャーナリストの多くが匿名を要求したのは異例であること、マスコミと政府幹部の会食への疑問、記者クラブ制度廃止、ジャーナリストの連帯を担保する独立組織がないなど、政治介入を支えるメディア側への指摘が重要である。

韓国・検閲事件に抗する作家や市民の想像的な営み

「表現の不自由展」から数カ月後、ドイツ・ベルリンで同様のコンセプトの展覧会「禁止されたイメージ――東アジアにおける民主主義の管理と検閲」が開かれた。そこには「表現の不自由展」にも参加した画家・洪成潭《ホンソンダム》らのコルゲ・クリム（大型の掛け絵）〈セウォル五月《オウォル》〉が展示されるはずだったのだが、韓国の運送会者が作品の輸送を拒否。同作品は、セウォル号惨事が一九八〇年五月光州と同じく国家システムによる虐殺であることを描いたものだが、朴槿恵《パククネ》大統領（当時）を朴正熙《パクチョンヒ》元大統領と金淇春《キムギチュン》元大統領秘書室長に操られる案山子《かかし》として描いたという理由で二〇一四年の光州ビエンナーレ特別展において展示を留保され、作家・市民らによるさまざまな抗議が沸き起こり世論は沸騰した。ドイツへの作品輸送拒否はこの検閲事件の延長線上にある。

私が注目したいのは、検閲事件に抗する作家や市民の創造的な営みである。展示拒否された特別展開幕式当日、光州市立美術館収蔵庫と展示場の周辺には約七〇人の私服警官と警備員が配備された。展示留保に抗議する共同制作者や市民ら五〇人は、美術館入口で九倍に引き伸ばして印刷された〈セウォル五月〉(七・五×三〇m)を展示するという抗議パフォーマンスを展開した。

さらに、同展の参加作家(韓国)三人は「展示留保」に抗議し、作品を自主撤去(のちに各作品に抗議の思いを刻んだ作品を戻す)。参加作家一一人が市長に嘆願書を、市民団体、芸術文化団体などが抗議声明をそれぞれ発表。沖縄からの招待作家三人と大浦信行、佐喜眞美術館、釜山、台湾のアーティストたちも次々と抗議を表明、作品でも抗議の意思を表した。

また、作品輸送を拒否され原画を搬入できなかったベルリンのギャラリーでは、作家がさらなる痛烈な批判をこめ、現場で背景を黒一色で描き変えた改作を制作・披露した。

この作品は、二〇一七年三月、光州市長が謝罪し、展示拒否された同じ光州市立美術館での展示が実現した。これも、二〇一六年秋からの光化門広場でのろうそく集会とともに展開された、芸術家による、ブラックリスト事態へのねばりづよい抵抗運動の一部である。

演劇人たちの抵抗と記憶の運動

朴槿恵政権下では近年さまざまな検閲事件が起きてきたが、二〇一六年一〇月、韓国政府を批判する「文化芸術界ブラックリスト」の存在が政府文書により確認され、芸術家たちの抵抗運動と、韓国メディアによる事実解明の追求がリンクして大きなうねりとなった。

　中でも、演劇人たちの連帯と想像力にみちた抵抗運動に驚いた。八〇余の演劇団体と劇団は、国会の聴聞会および国政調査の実施、指示・作成者の処罰などを要求。文化芸術委員会（日本の文部科学省にあたる。以下、芸術委）支援事業ボイコット、芸術委運営の劇場公演拒否、評論家たちの芸術委審査参加ボイコット、劇場外での市民との連帯闘争などの行動声明を出した。

　若い世代の演劇人らは検閲に「演劇で抵抗しよう」と、フェスティバル〈権利長戦二〇一六検閲カッカ（カッカは朝鮮語で「却下」と「閣下」を意味する同音異義語）〉を企画。「できるだけ多く・長く」と、二一名の演出家と二〇の劇団が創作劇二一編を二〇一六年六～一〇月、五カ月にわたり一〇〇回以上公演した。その開幕作品が、金載曄《キムジェヨプ》作・演出の『検閲言語の政治学――二つの国民』（日本語タイトル『検閲――彼らの言葉』、以下『検閲言語』）だった。私はこの芝居を二〇一六年秋、東京・上野ストアハウスで観た。舞台は「崔順実《チェスンシル》ゲート」を暴いた韓国のケーブルテレビ局ＪＴＢＣの人気コーナー「ニュースルーム」を想定したもので、演劇『哀れ、兵士（原題＝すべての兵士は哀れだ）』の支援辞退強要事件を扱う。検閲事件当事者の証言やインタビューを再構成しながら、国家権力による検閲言語が暴力をどのように行使するか、その不当性と矛盾をあぶり出し、観る者がその渦中に巻き込まれるような作品だった。俳優たちは、検閲する側の非論理的な言語や政治的含意が消化できない瞬間、「俳優としてこんな難しい台詞は初めて」などと言ってキャラクターから抜け出し、その状況を解説し、皮肉まじりの愚痴をつぶやく。「検閲言語には基本的に哲学がない。立場や世界観もなく、何も考えず言葉を吐き出す。そんな言語を証拠として、検閲言語がいかに矛盾していて公正でないか、執拗に迫りたかった」と金さん。検閲する側の無意味で滑稽な言葉を聞きながら、私はニコンの写真展中止事件裁判の被告側証人尋問で当時の役員が「上司に怒られる」と連発していた場面を思い出していた。

二〇一七年一月、芸術家たちは「奪われた劇場、ここに再び建てる」と、光化門広場に「光化門劇場 ブラックテント」を設置。二カ月にわたり、韓国の公共劇場が避けてきたセウォル号、日本軍「慰安婦」、解雇された労働者など犠牲者たちの声に耳を傾ける演劇・朗読・舞踊・音楽・パフォーマンスなど七二の公演に約四〇〇名の芸術家・表現者が参加、三三七三名の観客を集めた。

そしていま、闘いの最中から準備していた演劇人による『検閲白書』づくりが進んでいる（**写真参照**）。「朴槿恵大統領を弾劾できても、官僚主義の安全装置としての公務員は弾劾対象にされないことは深刻な問題だ」という事務局長の金載曄さんは、「実際に何が起きたのか、事実を整理して歴史的記録として残す。記録してこそ、記憶され、再発防止にもなる」と話す。すべて公開し、当事者にも送り反論も受け付ける。抵抗も記録していく。クラウド・ファンディングで費用を集め、二〇一八年一月の発行を目指している。白書を作る過程も重要だ。演劇界で広く自発的に参加できるようフォーラムでの開かれた議論を通じて一年がかりで歴史を整理・記録していく。四月には一〇八の演劇団体と五一二名の演劇人で「ブラックリスト打破と公共性確立のための演劇人会議」を発足。演劇人が組織したものとしては解放後、最大規模と言われる。七月、〝ブラックリスト〟裁判の結審公判で検察は、リスト作成・実行を主導した金淇春元大統領秘書室長と趙允旋《チョユンソン》元文化体育観光部長官にそれぞれ、懲役七年と六年を求刑した。同日、演劇人たちによって開かれた「清算と改革――ブラックリスト打破と公共性の確立のための大討論会」でキム・ミド検閲白書委員会委員長は、自ら被害者を装う公務員たちは積極的、意図的実行者だったと厳しく批判。「徹底した真相調査とそれに基づく反省なくして再発は防げない」と指摘した。

〈自粛〉をのりこえるために

一方、最近日本でも重要な示唆をうけた芝居が石原燃作の『白い花を隠す』だ。この作品は二〇〇〇年に開かれた「日本軍性奴隷制を裁く女性国際戦犯法廷」に関するNHKの番組改ざん事件を扱っている。作品の制作意図については、石原さんの寄稿（四二頁）に詳しいが、私が重要だと思ったのは「どんな人の中にもある〝人の強さ〟」を描いている点だ。「〝人の弱さ〟を描き共感するのでは、結果的に加害の立場に立ってしまい、最も傷ついた人たちをさらに傷つけることになる」というメッセージこそ、この《自粛社会》で必要なことだと思う。石原さんはこの作品とほぼ並行して、日本人「慰安婦」をテーマにした『夢を見る』を書いている。日本社会は長い間、日本人「慰安婦」被害者たちの声を奪ってきた。それに加担してこなかったか、と観る者（作者自身も含め）は問いかけられる。沈黙

『検閲白書』準備第１号
表紙「記録できない話」
検閲白書委員会編・発行

を強いることもまた、表現の自由の侵害といえるのではないか。

演劇人たちの連帯による抵抗ということでは、二〇〇三年のイラク攻撃をくい止めるために始まったピース・リーディングがいまも続いている。リーディング台本は世界各地で人々が話し、書いた言葉の引用で構成されており、「非戦を選ぶ演劇人の会」作者たちが著作権を放棄し、誰でも自由に使えるようになっている。

公的な施設でも「表現の自由」を侵害する事件が増える今、私企業の施設であっても、抗議を理由に安易に表現活動を中止してはならないというニコン裁判の判決には大きな意義がある。

その上で判決報告集会などで何人もの人が残念だと指摘したのが、多くの著名な写真家、写真団体、ニコンサロン選考委員らの沈黙だ(選考委員の一人はニコンへの抗議の意味で辞任)。この〝沈黙〟を打ち破るために運動としてやることはもっとあったのではないかと、韓国での表現者たちの闘いをみていると、いまも思う。金載曄さんは表現者として「もし沈黙していたら、自分も検閲を内面化してしまうことになる。次の作品はできない」と言い切っていた。

彼の芝居は、「検閲とは無意識的に内面化されるときこそ完成する」という言葉で結ばれる。私たちは「自粛」で検閲を完成させてはならないのだ。

「表現の自由」を侵害する事象がまだまだ続くであろう日本社会で、何が起きているのかを可視化し、事実解明と、誰がどのように抵抗したのかを記録し、その情報・経験を伝え交流する場をこれからも持ち続けたい。ただし、他者を傷つけるものには「表現の自由」は担保されないし、表現そのものの暴力性を問うことを手放さないことを心に留めながら。

「慰安婦」にされた女性たちに共感した少女たち

仁藤夢乃

売春する中高生について、あなたはどんなイメージを持っていますか？

二〇一五年夏、ある大学の授業でそう投げかけると、学生たちからこんな言葉が返ってきた。「遊ぶお金がほしいから」「孤独でさみしい人がやること」「愛情を求めて」「快楽のため」「優越感に浸るため」「友達に誘われて」「派手でギャルっぽい子がやっている」「その場限りの考えで」「そんな友達はいなかったからわからない」「どうしてそこまでやれるのか理解できない」

その場にいた当事者のAは、言った。

「そんなもんだよ。世の中の理解なんて。もう、そんなことでは傷つけなくなった」

「私も同じ」

その秋、元日本軍「慰安婦」のインドネシア女性たちの姿を写したヤン・バニング写真展に、彼女と足を運んだ。初めて慰安婦問題について知ったというAは、慰安婦にされた女性たちの体験に「私も同じ」と震えながら話した。彼女には、友人や知人に売春を強要された経験があった。

私が代表を務めるColaboでは、虐待や性暴力の被害に遭うなどした女子中高生を支援している。インドネシアの元「慰安婦」たちの証言と、かつての自分を含む現代の日本の中高生が体験している現実が重なったのだ。写真展を見た後、パフェを食べながら、Ａは「こんなことが起きていたなんてこれまで知らなかった。声をあげるのにもすごい勇気がいったと思うけど、ここにその人たちがいるんだって感じられた。こうやって表現して伝えられるってすごいな」と言った。

その日、児童買春・児童ポルノ・人身取引に関する国連の特別報告者とのミーティングが行われた。会場に着いて、他の参加者に挨拶し、「Colabo とつながる当事者の女の子です」と、Ａを紹介した。すると、子どもの権利に関する報告書をまとめる活動をしているという七〇代の女性研究者が「当事者って、何の当事者？」とＡに聞いた。想像力や配慮のなさに驚きつつ席に着くと、女性は同じ団体の弁護士らと Colabo が配布した資料を見ながら、「ＪＫビジネスって何？人権のことはいろいろやっているけど、最近の児童ポルノとかは知らないのよ」と言っていた。

ＪＫは女子高生の略であり、ＪＫビジネスではマッサージや散歩の仕事と称して少女たちを集め、性的なサービスをさせており、秋葉原を中心に一〇〇を超える店があって問題となっている。Ａは「何も知らないのに、専門家として、勝手に語らないでほしい」と腹を立てていた。

人権に関わる人たちでさえこうした無理解を見せる状況を Colabo とつながる女の子たちが共有し、「自分たちの言葉で実態を伝えたい」と立ち上がった。児童買春に関わった経験を持つ、北海道から九州で暮らす一四〜二六歳の二四名の女子が企画メンバーとなり、それぞれが「買われる」に至るまでの背景や体験を伝える企画を考えた。

ある高校生の「売ったというより、買われた感覚だった」という言葉から「私たちは「買われた」展」という名前が決まった。「売春＝気軽に、遊ぶ金ほしさ」という世間のイメージに一石を投じるとともに、そこにある暴力やその影響を受けて生きる当事者の姿を伝えることで、そこに至るまでの背景に目を向け、買う側の行為や大人の責任に気づく人を増やすことを目的にした。

虐待から逃れるため、裸足で家を出て座り込んだ公園のベンチや、うつむいて歩いた繁華街の道、リストカットの跡が残る腕、成人するまで生き延びることができたことを伝える写真、コンビニの廃棄品を一人で食べ続ける日常を記録したノートや、障碍を理由に差別された経験、性暴力やいじめなどの被害を学校や児童相談所や役所、警察、福祉施設などに相談した際に受けた不適切な対応や、「買われた」体験について伝えるパネルを作成し、約一〇カ月の準備期間を経て、二〇一六年八月、神楽坂セッションハウスで初めての開催に至った。

この会場では以前、日本軍「慰安婦」被害女性たちを記録した安世鴻《アンセホン》さんの写真展を開催していたことから、少女たちの想いを理解してくれるかもしれないと、見学に行った。企画の趣旨を説明すると、ギャラリーを運営する伊藤孝さんは「こうした企画は初めてだ。中高生たちに起きていることを自分も知らなかった。伝えることに意義があると思う」と賛同してくれた。

企画展は予想を超える反響で、一一日間で二九七五名の来場があり、その後も横浜、滋賀、京都などで開催した。現在もパネル貸し出しを行い、各地で企画展を開催している。

日本では、児童買春について「援助交際」との言葉で「遊ぶ金ほしさに」「気軽に足を踏み入れる少女たち」という文脈で語られ続けてきた。そこにあるのは「援助」や「交際」ではなく、暴力と支配の関係だが、買う側の存在や性暴力、子どもの傷つきやトラウマについて目を向ける人は少ない。

中高時代、私も家に帰れず街を徘徊する生活を送った。ビルの屋上に段ボールを敷いて一夜を明かしたこともある。そんな私に声をかけて来るのは、買春を持ちかけたり、違法風俗店などの危険に誘い込んだりする人ばかりであったが、現状は今も変わっていない。

性暴力は「魂の殺人」と言われる。児童買春を通して、どんな暴力が子どもに振るわれているかもあまり知られていない。性器に異物を入れられたり、「メス豚」「汚女」などとカッターで体を切り刻まれたり、髪を引っ張られたり、殴られたり、蹴られたり、吐かされたり、AVを見せられその真似をさせられたりしたという中高生たち。幼少期や小学生の時の被害もある。もちろん、避妊する加害者などほぼいない。

しかし、日本では、「売春」は売る側の個人的な問題として語られる。その背景に何があるのか、また「買春」する側の問題に目を向ける人は少ない。売春防止法でも、売春する女性を社会の風俗を乱すものとして取り締まり、男性は売春を持ちかけられる「相手方」として、受動的な存在に位置づけられている。同法第5条の勧誘罪は、女性にしか適用されない条文になっており、男性が買春を持ちかけた罪を問われることはない。

「慰安婦問題と同じデマだ」

「私たちは「買われた」展」の開催がメディアで報じられてから、ColaboにはSNSなどを通して一日に数百件の誹謗中傷のメッセージが届いた。「売っていたから買ったんだ」「売らなければ買えないのだから、男を加害者扱いするな」「被害者ぶるな」「売った女は罪を償うべき存在だ」「バカな女だ」「買ってもらえるだけありがたいと思え」など、多くは男性からのものだった。

この時、企画展開催のきっかけに、元日本軍「慰安婦」女性の写真展があったことは特に公表していなかったのだが、「慰安婦問題と同じで、デマを拡散している。秋葉原に児童買春などない」「日本を貶めようとしている」「売買春をするのは朝鮮人だけだ」「売国奴だ」など差別的な発言や陰謀論を説く人もいた。こうした現実をないものとしたい人たちがいることを知った。

とめどない誹謗中傷に、企画メンバーの少女たちは傷ついた。私のもとに、少女たちから「これ読んだ？」とネットへの心無い書き込みが次々送られてきた。「読んでてとても悲しい」「凹んだ」「観てもいないのに、ひどい言われよう」「何も知らないくせに、わかってないくせにひどいこと言って、理解のない言葉とかめっちゃ嫌だし傷つくし悔しいです」と言いながら、彼女たちは「ネットの人たちにも、来て何か感じてほしい」「観に来てくれた人の生の声を信じたい」「来てくれる人の考え方が変わってくれたらいいなと思う」と話した。中傷コメントは、無理解な人が大勢いることを表していて、企画展の一部のようにも感じられた。「私たちがそんな書き込みを目にしたり、傷つくことこそ、相手の思うつぼ。見ないようにすることで身を守ろう」と彼女たちに呼びかけたが、やはり気になって検索してしまう。そして、「行ってよかった。自分の偏見に気づいた。大人としての責任を感じた」などの来場者からの書き込みを見ると、ほっとした。

一方で、企画展の来場者アンケートでは、売春せざるを得ない状況を生き抜いてきたという女性たちから「私も同じ」という声が三〇〇件ほど届いた。児童買春について、一九九〇年代から社会学者やフェミニストなどが「少女たちがブランドもの欲しさや、自分のアイデンティティのために性を売り出した」と語り、メディアでもそうした文脈で取り上げられ続けてきた。それによって、一番苦しい所にいた子どもや女性たちの存在がかき消されてきたのだと実感した。

一方で、「私も声を届けたい」とメンバーに加わったり、「今までこんな目に遭っているのは自分だけだと思っていたけれど、自分だけじゃなかった。そこから抜け出せた人がいると知って安心した」と性虐待に遭っていることを打ち明けてくれたことから保護されたりした中高生もいる。

中高生を取り巻く状況について講演したとき、ある男子大学生から「性暴力で苦しんでいる人がいることはよくないとは思うのですが、性欲は本能なのでしかたないですよね」と言われた。

私は、性欲は本能であるが、性欲をどう満たすかということと、性暴力を振るうことは別であること。性暴力は性欲ではなく支配欲から行われること。たとえ相手が恋人であったとしても、性欲が抑えられないからといって、誰かの体を使ったり、お金で性を買ったり、支配することで自分の性欲を満たすことは「権利」ではなく「暴力」になると話した。すると、「あたりまえに女性を買える状況があるので、そんなこと考えたこともなかったです」と彼は言った。

自分の性欲にどう向き合い、どう満たし、どうコントロールするのかという性的な自立について教えてくれる人も考える機会もなく、暴力的、支配的な文脈でつくられた動画が小中学生でも簡単にネットで見られる状況がある中で、「性欲はコントロールできない」と思い込まされている若者は少なくないのではないか。

また、ある進学校では女子高生に「援助交際に関わる人がいることで私たちのような〝一般〟の女子高生や女性が性的対象とならずにすんでいる。性欲はコントロールが難しい。性欲を否定することは人権侵害につながる。貧困などでお金がほしい人と性欲を抑えられない男性との間でウィンウィンの関係がある。国が圧力をかけることで風俗店が不可視化すると性病が蔓延する。国の利益のためにも売春を合法化すべきだ」と言われた。彼女も性暴力や性犯罪がなくならないことを前提にし、風俗が性暴力の抑止力になるという言説を信じていた。

〝一般の〟女子高生や女性が性暴力の被害に遭わずにすむのなら、他の誰かが性暴力を受けることはしかたないという考え方や、金銭で生身の人間を買い求めることを単に市場的交換のような捉え方をしていたことにはショックを受けたが、彼女は「ネットやテレビでそうした情報を集めた」と言っていて、周りの大人の影響を受けていることがわかる。「援助交際」についてのメディアの報じ方や、ＪＫビジネス経営者のブログ、風俗店経営に関わり、そこから利益を得ているライターの書いた「女の子たちはみんな好きでやっていて、サラリーマンより稼いでいる」などのネット連載から学習し、世界史の教員から「売春は世界最古の仕事だ」と聞いたという。

その女子高生は、自分が〝一般〟女性と売春する女性を分けることで、差別する側に立っていることや、自分がそうならなければ他の女性の権利が侵害されてもいいという考え方をしていることに無自覚だった。「誰かの犠牲の上に自分の幸せを築くことはできますか」と問いかけたが、彼女は「犠牲ではなく、自分の意志で来た人もいるはずだ。やりたくてやっている人もいるはずだ」という。では、本人が積極的な選択だから、自分の意志だからといえば、性暴力を誰かが引き受けるようなことがあっていいのか。「自由意志の奴隷」はありうるのかとも問いかけた。「売る・売らない」論で語ることが、これまでにも問題の本質を見えなくさせてきたのだ。

「慰安婦」を生んだ「国の利益」

人権とは、誰もが平等に権利を有するということである。誰もが暴力や搾取に行きつかなくてよいように選択肢がある状態を社会は目指すべきだ。しかし、自分の利益のために誰かを支配・搾取・利用するようなことを権利として主張する人の声が大きくなっていることを感じる。

「売春婦」と「淑女」として女性を二分化する考え方や、慰安婦や売春婦が性暴力の防波堤になるという思想は日本軍「慰安婦」を生み出し、敗戦後に米軍兵士による強姦を防ぐためとして設立された特殊慰安施設協会（ＲＡＡ）を生んだ。私は、歴史を知らなかったり、歪曲した解釈を鵜呑みにしたりしたまま、「国の利益」という視点で売買春について考える女子高生が育っていることに危機感を覚える。自己責任論に溢れる社会の中で育ち、自分ごととして捉えたり、他者の痛みを想像できにくくなっているのかもしれない。私はその授業で、戦時中、アジアや沖縄など日本が支配していた地域からたくさんの女性たちが騙されたり拉致されて連れてこられ、小さな部屋に囲われ、毎日何十人もの兵士から性暴力を振るわれたこと。兵士の中で性病が広がらないために女性たちは検査され、性病にかかっていたり慰安所から逃げようとしたりすると殺されたこと。私たちにはその歴史を知り、反省し、繰り返さないようにする責任があることも話した。

いつの時代にも支配の関係性の中に性暴力が起きている。「暴力」を「権利」として振りかざそうとする人たちの声にかき消されないように、伝え続けることは時に苦しい。痛みと怒りを共有できる仲間とともに、粘り強く声を上げ続けたい。

なぜ日本社会は「慰安婦」問題を理解できないのか
――現在進行形の性差別構造を生きる私たち

北原みのり

「自己決定」の搾取によって成立する業界

二〇一五年、AV出演を拒否した女性に、プロダクションが二四六〇万円の損害賠償を求めた民事裁判の判決が出た。結果は〝被告〟(被害女性)の勝訴。いわゆる「AV出演強要」事件として広く報道され、AVへの社会的関心を一気に集めるきっかけとなった判決だ。

声をあげた一人の被害者の背後には、何百、何千の被害者がいる可能性がある。これを機に、巨大なAV産業が、どのような搾取や犠牲の上に成立していたのかを考える機会になればと考えていたが、私が知る限り、議論の多くは、被害者の声に耳を澄ますというよりは、この事件をきっかけに声をあげ始めたAV業界の声に引きずられるように、業界をいかにクリーン化し、いかに女性が安心して働ける業界にしていくかという点に焦点が置かれていたのではないか。

特にAV業界関係者等は被害女性への同情を示しながらも、「(出演強要は)一部の悪質な業者の仕業」と矮小化し、「AV業界への批判はAV業界で働く人々への偏見・差別を深める」と職業差別批判へと論点をずらす傾向にあった。こういう論調にフェミニストも乗った。業者も関わるAV俳優当事者団体に上野千鶴子さんがアドバイザリーとして名を連ね、田中美津さんは「女性が楽しめるAVを創りたい」と新聞のインタビューに答えるなど、AV被害に向き合うというより、ＡＶを差別するな、という論調に与《くみ》した。もはやポルノ＝女のモノ化といったフェミニズムの主張などは古典として切り捨てられ、リベラルやフェミニストが今語るべきは表現の場、労働の場としてのＡＶ業界の健全化であることのようだった。以来、私はずっと、もやもやしている。

業界の健全化は大いに結構だが、いったい何が〝健全〟になるのか、それは今後ＡＶ業界に入っていく女性たちにどう影響を与えるのだろう。ＡＶ業界に提言を行う第三者委員会が設立されたが、そこでは性の自己決定が最も重要であると再三主張され、契約から制作の過程すべてを映像で保存することが推奨されている。つまりは女性の自己決定が確認できる状況をつくれ、というわけだ。率直に言って、この提言ほど被害の現実を理解していないものはないだろう。「強要問題」と言われてはいるが、泣き叫ぶ女性の手を押さえて強制的にサインさせる業者などいるだろうか？　被害報告から見えてくるのは、「あなたがサインするまでみんな帰れない」といった業者たちの圧力や、「有名になれる」という甘言、その場の空気によって自分の気持に蓋をするように「自己決定」していく事実だ。手を無理矢理押さえるまでもなく、追い詰められた女性たちは自らサインする。そしてその「自己決定」故に彼女たちは被害を口にすることができないのだ。

よく、ＡＶ業界批判は商業差別に基づいており、ＡＶ女優の自己決定を無力化するという批判があるが、そもそもＡＶ業界が「女の自己決定」を限りなく搾取した上でしか成立しない業界ではないだろうか。もちろん私には見えていないことがたくさんある。だからこそ慎重に考えたい。

巨大化するＡＶ産業に巻き込まれる女性たち

そもそもなぜ、この問題が公になったのか。その経緯から見ていく必要があるだろう。

業者に二四六〇万円を請求された女性が助けを求めたのは、「ポルノ被害と性暴力を考える会」(以下PAPS)だった。

PAPSは、二〇〇九年に社会福祉士、研究者、市民運動家でつくられた団体だ。きっかけは理論社から出版されていた青少年向けシリーズ「よりみちパンセ」で、〇七年にAV監督バクシーシ山下が性をテーマに執筆したことだ。九〇年代初頭に山下が監督した「女犯」シリーズは、女性が複数の男性に暴行され、吐瀉物を顔に吐きかけられ、トイレに顔を突っ込まれたりなど、女優が事前に聞かされていない暴行の「リアルな反応」を淡々とカメラが追いかけるものだった。そのような表現物に、驚くほど世の中の反応は、「冷静」で、むしろ監督の才能を評価する声も出る始末だった。また発言力のあったフェミニストたちですら正面からの批判を避け、沈黙した。

過激に巨大化するAV産業に女たちが巻き込まれていることに最初に気づき、危機感を持って声をあげたのは、アカデミアのフェミニストではなく、婦人保護施設のソーシャルワーカーたちだった。婦人保護施設は一九五六年の売春防止法をきかっけに全国の都道府県に作られた性売買の搾取にあった女性たちが生活を立て直すための場だ。ここで働くソーシャルワーカー等は、売春防止法が施行されても性産業の性搾取構造は変わらず、それどころか産業自体が年々巨大化していくのを肌で感じていた。それは、デリヘルやピンサロなどの〝合法的〟な風俗やAV産業に巻き込まれ、生活を破壊された女性たちを現実的に支援してきたからこそだ。

それでも山下が性についての本を書いたことを、PAPSの女性たちは看過できなかったのだ。彼女たちからすれば、青少年向けに山下が性について書くことは、一出版社の表現の自由ではなく、女性の人権そのものが問われる問題だった。結論を言えば、理論社は決して真摯に向き合うことはなかったが、彼女たちは短い期間で一万名もの署名を集め、署名協力には児童養護施設や知的障害施設関係者も少なくなかった。それは、児童や知的障害者の施設にもポルノや性搾取の被害者が少なからずいることを現場のワーカーたちが共有していたからに他ならない。

ＰＡＰＳが、ネット上に「相談して下さい」とポルノ被害者向けの窓口を設けたのは二〇一四年だ。その前年、ＰＡＰＳに被害者がメールで相談を寄せてきた。これが、「ＡＶ出演強要」問題につながっていく。このときＰＡＰＳのメンバーは社会福祉士としての技術を持って介入し、被害者の主訴を叶えられたという。この経験が次の一歩につながり、ＨＰでＡＶ被害者に呼びかけ始めた。ＡＶ被害が可視化されにくかった原因の一つは、被害者がそれを被害だと認識できないことにある。そんな被害者に向けてＰＡＰＳは、「あなたは一人ではない」と声をあげ、かれらの声を待った。その呼びかけに応じて連絡を取ってきた被害者の一人が、冒頭に記したプロダクションから訴えられた女性だった。全てはたった一人の女性が、巨大なＡＶ業界に対し声をあげたこと、そしてその声を受け止める準備が支援者側に整いつつあったことから始まった。

「慰安婦」問題と酷似するＡＶ出演強要

既にお気づきの読者も多いと思うが、二〇一六年に公になった「ＡＶ出演強要」問題は、衝撃的なほど「慰安婦」問題と酷似している。

そもそも日本軍「慰安婦」制度が「問題」となったのは、八〇年代に韓国の民主化の過程で韓国のフェミニストたちが自国のキーセン観光、米軍「慰安婦」、性売買産業、そして「慰安婦」を女性への性暴力という視点から問題化していこうと声をあげたことに始まる。一九九〇年に三七の女性団体が集まって韓国挺身隊問題対策協議会(挺対協)がつくられた時、彼女たちの前に被害者はいなかった。金学順《キムハクスン》さんが名のり出てきた時、支援団体の女性たち自身が、まさか被害者が顔と名前を公に出して闘うとは考えていなかったという。そんな彼女たちに金学順さんはこう言った。

「神様が私をいままで生かしてくれたのは、これに対して闘えという意味だったのだと思う。私に話す機会を与えてほしい」

金学順さんのあげた最初の一声がどれだけ多くの人と社会を動かしたことだろう。「彼女たちは売春婦だった」と言い続けた日本政府に謝罪と賠償を求め、「これは女性の人権問題なのだ」と国際世論を動かし、被害女性たち自身が平和人権活動家として多くの人を助けてきた歴史について、ここで改めて説明する必要はあるまい。

一方で、日本社会は九一年に金学順さんが声をあげた時よりも、確実にこの問題に鈍くなり続けているのではないだろうか。「強制連行の証拠はない」と鬼の首を取ったかのように言いたがる安倍晋三をはじめとする政治家らの声は、政府自らが強引に推し進めた二〇一五年一二月二八日の日韓合意以降も再三聞かされてきた。つい先日(二〇一七年六月)も、米アトランタ総領事が「強制の証拠はない」「アジアには娘が家族を助けるために自ら身売りを決意する文化がある」などと発言して物議を醸したばかりだ。「慰安婦」制度が女性への残酷な人権侵害であることは、今や国際的な一般常識である。それなのにいったい何故、この国は、「慰安婦」問題にここまで鈍く、そして的の外れた権利主張を過剰に重ね続けているのだろうか。「慰安婦」は強制連行されたのではないと、女性の自己決定があったことを暗に匂わせ、何を主張しているつもりなのだろう。

二〇一六年、日本維新の会に所属していた桜内文城元衆議院議員を名誉毀損で訴えた吉見義明中央大学名誉教授の裁判を傍聴した。このとき、桜内氏の証人として出廷した秦郁彦氏の言葉が耳から離れない。秦氏は法廷で、「慰安婦」問題の本質は二つだと言った。一つは「強制連行があったか否か」、もう一つは「慰安婦は性奴隷だったか否か」だと。そして彼は、「性奴隷と定義するのは、女性(慰安婦)に失礼だ」と語ったのだ。衝撃だった。彼のこの言葉ほど、日本社会が「慰安婦」問題に向き合わない本質的な理由を示しているものはないだろう。

売春防止法を成立させたにもかかわらず、男が安定的に買春できる風営法によって独自の性売買産業を巨大に発展させてきた日本。性器さえ見せなければ児童性愛も、性暴力も、どんな性表現も可能なポルノ大国。そういった性産業を支える背景には、男性への性に過剰に寛容で、巧妙に女性の「自己決定」を利用し、搾取してきた文化・歴史がある。戦地での強姦を防ぐため、性病を防ぐため、という理由で「慰安婦」制度が大義名分化されたのと同様に、現在も、「AV／風俗がなければ犯罪が増える」と堂々と語られる。男性の性はコントロール不能な「自然」として常にケアされる一方、女はたとえ性暴力の被害にあっても「どれだけ抵抗したか」が問われ、甘言で騙されてAVに出演したとしても「自己決定」だと被害者として扱われない。それでも勇気を持って被害を訴える女たちに、男たちは口を揃えてこう言う。「強制していない」。そしてこうも突きつける。「お金をもらっていたんだろう?」「誇りを持って働いている女もいる」と。

一人の被害者の声の背後にある幾万の沈黙

もしかしたら、この社会は本気で「慰安婦」問題の何が問題なのか、理解できていないのかもしれない。「強制でなければ」「お金をもらっていたならば」何の問題があるのだろう、と。そしてまた、真正面から向き合うことをあえて避けているのかもしれない。なぜならそれは、今、まさに現在進行形で、私たちが生きている性差別構造に向き合うことに他ならないから。日本の近代以降、途切れることなく経済的、文化的にも成長し続け、社会に深く根づいた性産業を否定することは、自らを否定するようなことだから。

ＡＶ被害相談は一七年六月の段階で三八〇件まで増えた。被害の内容は昨日今日のものだけではない。何年も前の体験を語る被害者もいる。社会的スティグマがＡＶ女優を追い詰めると言われるのが常だが、被害報告から見えてくるのは、ＡＶ女優であることで差別を受ける苦しみではなく、ＡＶ女優という仕事を通して尊厳を奪われた彼女たちの事実である。性で貶められることは、何故これほど苦しいのだろう。それは職場環境の改善や、性をめぐる特権性を薄めさせることで回復するようなものなのだろうか。もっと根源的に、そもそものような痛みを味わう被害者を生む原因となっている産業そのものを、見つめ直すべきではないだろうか。

今、被害者が、この国で、語り始めた。その声に耳を澄まさない限り、私たちは今、日本社会で何が起きたのか／起きているのかを知ることはできないだろう。一人の被害の声の背後に、幾万もの女たちの沈黙があることを理解し、直視することから始めていきたい。

日本における排除の由来
――フェイク・ニュースと自粛

西谷　修

歴史修正主義とポスト真実

二〇一六年、「ポスト・トゥルース（真実）」という言葉がOEDの年間トピックに選ばれ、世界的に注目されるようになった。きっかけは、イギリスのEU離脱国民投票で「フェイク・ニュース（偽情報）」が飛び交い、不測の結果を生むのに貢献したことと、アメリカ大統領選でも、極端な主張で既成政治を批判し「アメリカ・ファースト」を掲げたドナルド・トランプが、女性問題その他に関する偏見に満ちた言動にもかかわらず当選するという、これも大方の予想を覆す出来事があったからだ。メキシコからの不法移民がアメリカ人の雇用を奪っているから国境に壁を作る、というきわめて短絡的で乱暴な断言そのものが、「風が吹けば桶屋が儲かる」ほどの蓋然性ももたないにもかかわらず、それが現在の状況に不満をもち将来に不安を抱く多くの有権者を引きつけて、「型破り」の大統領を生んだのだ。そして「アメリカは割を食っている」というもうひとつの「フェイク」で、超大国の利己的外交がいまや世界を揺るがしている。

アメリカの有権者は「真実」を求めなかった。むしろ単純で受けとめやすく、自分たちの不満や不安にはけ口を与えてくれる「フェイク」に乗ることを選んだかのようだ。だから、もはや「真実」が求められない、「真実」がものを言わない状況になった、ということで「ポスト・トゥルース」が時代を象徴する語として選ばれたということだ。

　このような傾向は欧米だけでなく、日本でも広がっている。共通点は「自国ファースト」、つまり真実はどうであれ、自国民が割を食っているという怨嗟《えんさ》の意識と、それをバネにした「排外主義」の傾向である。ヨーロッパでトランプの勝利を歓迎したのは極右と分類される諸政党だが、その勢力の特徴はいわゆる歴史修正主義的傾向をもつことだ。それには二つの局面がある。ひとつは反ユダヤ主義であり、もうひとつは植民地支配の肯定である。この二つの傾向は、第二次大戦後に、それまでの西洋文明諸国の歴史的過ちとして否定されるようになった。日本では「戦後レジーム」が語られるが、この「戦後レジーム」とはじつは日本一国の問題ではなく、世界戦争後の世界秩序のフレームなのである。つまりそれは、世界戦争による破綻を経験した世界が、戦後の再建と将来のために設定した「世界レジーム」であり、その要が敗戦国ドイツと日本の「非戦化」と「民主化」だったのである。前記の否定はそれとセットになっている。

　ところがそれを「屈辱」とみなし、戦争による「敗北」を認めたがらない勢力は残存した。その勢力が息を吹き返すのは戦後三〇年あたりからだが、冷戦構造という別のフレームの中に隠れて生き延びたこの勢力は、冷戦の終結によって再び各国政治のファクターとして浮上してきた。その根は、欧米では反イスラームに形を変えた反ユダヤ主義、言いかえれば人種主義的な西洋至上の考えであり、植民地支配の歴史における西洋諸国の有責性を否認する傾向、要するに人種主義的な西洋世界支配の肯定観である。彼らは、西洋社会の諸問題の元凶をかつてはユダヤ人に見ていたが、それが今では旧植民地からの移民とりわけイスラーム移民に置き替えられている。そうすることで、現状の行き詰まりの解決を排外主義に求めている。そのような勢力が、グローバル化によって引き起こされた社会崩壊に起因する民衆の不満や不安を自分たちの回路に引きこみ、移民排斥、難民拒否の風潮を拡大している。

しかし彼らの基本姿勢は「戦後レジーム」によって否定されている。だからこそ、彼らはその規範事項を否認し、歴史評価を書き換える必要があり、そのためにさまざまな「フェイク」を作って流布しなければならない。いわく、「アウシュビッツにガス室などなかった」、あるいは「植民地化はアルジェリアに恩恵をもたらした」云々。

その「戦後レジーム」のひとつの要として「人類に対する罪」という国家主権を超えた犯罪観念が設定されたが、これは西洋世界がかつてアフリカ人を対象に行った「奴隷貿易」にも遡り、さらには「先住民の権利」にも遡ることになった。ところが、これを受け容れないアメリカ人がいる。「アメリカ」と呼ばれる地域の抹消は元より(それ自体が西洋文明の展開とみなされている)、奴隷制度はアメリカ人にとっての当然の権利であって、それを歴史的過ちだなどという理由はどこにもない。ヨーロッパ白人はアフリカ黒人よりあらゆる意味で優れており、黒人に恩恵を与えこそすれ、悪いことなどしていない、という考えだ。トランプが体現する排外主義の根にはそのような傾向がある。「アメリカ・ファースト」と言うとき、その「アメリカ」とはだから、基本的に白人のアメリカであり、先住民や黒人たちに寛大な恩恵を施してアメリカに参与することも認めてきたアメリカなのである。

トランプの標語「メイク・アメリカ・グレート・アゲイン」はその願望を如実に示している。

「偉大なアメリカ」とは、罪を認めなくてよいアメリカ、他に恥じることのないアメリカということだ。けれども、その主張を浸透させるためには、多くの事実をなかったことにしなければならない。記録はない、廃棄した、あるいは覚えていない、で押し通さなければならない。そして起こった出来事をアメリカの偉大さを示す「オルタナ・ファクト」に書き換えなければならない。そのためには、記録ではなく読む手間も反省の時間も要らず、瞬時に作られ広げられる短いフレーズの伝達手段が絶好のメディアになる。重要なのは「真実」ではない。より多くの人びとの願望に直に適う命題だ、というわけだ。

認めてはならない「慰安婦」問題

日本でも同じような現象が起きている。日本は明治以来、西洋諸国にならって中央集権の国民国家を作り、台湾、朝鮮、中国など東アジアの近隣諸国を植民地化して戦争の時代の国勢展開を図った。その途上で起きたのが、インドシナにおける捕虜虐待、中国各地の蹂躪《じゅうりん》(その最たるものが南京大虐殺だ)、そして「慰安婦」問題だ。けれどもそれらは、日本が「誇りある国」であるためにはあってはならない(認めてはならない)出来事である。だからそれらに関して、歴史を無視して「在日特権」といった「フェイク」が流され、南京事件に関してもあらゆる「オルタナ・ファクト」が作られ、「真実」の失効が執拗にしかけられる。だが、観点を変えれば、過去の一時期に起きたその「罪過」を公正に認め償うことにこそ、日本の「誇り」はある。東洋の古代の知恵も、「過ちて改めざる、これを過ちという」とするが、それができない国は他国から尊敬されることなどないのである。

自粛という自発的隷従

最近のメディア事情に加えて、日本の社会には独特の「美風」がある。それが「忖度《そんたく》」と「自粛」の慣行である。いずれも「配慮」にかかわることで、「忖度」とは、他人の気持ちを推し量ること、「自粛」とは、みずから勘案し判断して慎むことを言う。これらの語が言い表す振舞いの特徴は、他者と直接のやりとりを経ず――そのようにして他者を煩わせることなく――、自分の方で配慮を働かせ、その結果の行為あるいは無為の責任を担うということである。言いかえれば、他者との社会的関係を言語的コミュニケーションの次元に顕在化させることなく、無言のうちにそれを遂行して相手への負担をなくすやり方で、そこには社会的関係、力関係や上下関係が前提的事実として働いてはいる。だが、それが表立った形にはならず、忖度を受ける側や、自粛という慎みの対象となる側は、表向きこのことには関知せず、責任もないということになる。

他人の気持に配慮したり、そのために自分の意向を抑えたりするのはそれ自体悪いわけではない。だが、それが「お上」の意向への配慮であったり、姿なき無言の圧力への譲歩であったりすると、この種の配慮は、議論の必要さえ表に出さないために、権力の意向や隠れた社会的傾向にとってきわめて都合がよいことになってしまう。すると社会は、物言えぬ、息のしにくい、風通しの悪いものになる。とりわけ日本のように、身分制社会の解体や個人意識の解放を十分経験していないところでは、集団的な同調圧力も働いて、役所や中間団体(政府と人民の間にある諸組織)

の担当者たちが、悶着を恐れて「フェイク」を仕掛ける集団からの圧力に譲歩してしまう場合が多い。それは自立と自尊の念を欠いた「自発的隷従」と言うこともできる。

日本では現在、トランプのアメリカに先駆けて「戦後レジームからの脱却」を公然と掲げる政権が登場し、この逆転の事態が進んでいる。たしかに、日本の近代史を振り返ると、明治以来の国家建設が侵略戦争に行きついて破綻したことは、ある意味では「国民的非劇」だったと言える。そしてその過程には、立憲主義や民主主義等、さまざまな志向との葛藤もあった。だが、その「悲劇」の帰結から何の教訓も汲まず、そこから生まれた「戦後レジーム」を廃棄して「世界の中心で輝く国」を目指すというのでは、行きつく先は「二度目の茶番」でしかない。事実、安倍政権下で実現しているのは、文字どおり官許「フェイク」としての「解釈改憲」ばかりでなく、最近の森友・加計学園問題に露呈したような、仲間内の利益供与で政策も国有財産も私物化して恥じない専横であり、人事権を掌握しての官僚機構や警察の押え込みであり、社会の第三者審級の排除を通しての権力の独占であり、一言で言えば国権の私物化である。

それもそのはず、この政権によって強化された国家権力は、あらかじめ旧占領国アメリカに抑えられており、彼らの夢想する「偉大な日本」はアメリカへの隷属のもとでしかなりたたないからだ。その事情を舞台の外(オフ・シーン)に置くことでしか彼らの掲げる「美しい国」はなりたたず、それは茶番にしかなりようがない。とはいえ、国権をダシにしてのこの茶番は、国民やこの国に関わる全ての人々の運命を巻き込まずにはいない。「フェイク・ニュース」も「自粛」の慣行も、じつはこの「二度目の茶番」を盛り立てるけばけばしくも哀しい舞台装飾なのである。

6 **★自民党勉強会で作家百田百樹が沖縄地元二紙はつぶすべきという趣旨の発言**
7 女性自衛官が「慰安婦」に関する国連報告書をまとめたクマラスワミと同席した感想を在ベルギー日本大使館 HP のブログで公開．自民党が「慰安婦」を性奴隷とする同氏との出会いを「光栄」とするのは軽率とクレーム．防衛省が一部削除
7 労組主催「駅前文化祭」，兵庫県姫路市が安倍政権批判ビラ掲示等を理由に途中中止
7 権堂商店街七夕祭で，「戦争原発バラマキの愚作」等の垂れ幕 7 本に対し長野市が市民からの批判があると伝え，商店主が撤去
8 岩手大学が教職員組合に安保法案反対の看板撤去を要請
8 川内原発再稼働反対集会，鹿児島県が久見崎海岸の使用を不許可
9 **★安保関連法案強行採決**
9 自民党ポスターの首相顔写真への落書きで，警視庁が町田市の男性を器物損壊で逮捕
10 有識者団体「安全保障関連法に反対する学者の会」が開催予定だったシンポジウムを，立教大学が会場貸し出しを拒否
10 放送大学の単位認定試験問題で，大学側が「現政権への批判が書かれていて不適切」として，試験後に学内サイトで問題を公開する際，該当部分を削除
11 宮城県柴田農林高校社会科学部が，文化祭の一環として行った生徒対象の安全保障関連法に関するアンケート調査に，外部から「不適切」等とクレームがつき発表中止
11 北海道博物館の自衛隊基地問題を巡る常設展に抗議があり，資料一部を撤去・差し替え

2016. 2 **★高市早苗総務大臣，放送法違反を理由にテレビ局に対し電波停止命令ができると発言**
3 NHK「クローズアップ現代」，TBS「NEWS 23」，テレビ朝日「報道ステーション」のメインキャスター(国谷裕子，岸井成格，古舘伊知郎)が番組降板
4 **★愛媛県教委が，政治活動への参加を 1 週間前に担任に届け出る校則を例示し，59 の県立高校すべてが校則を変更し届け出制を取り入れた**
4 鹿児島市主催のヨガ講座講師が，私服で「反核」とプリントされた T シャツやパーカー着用を問題視され，2016 年度の契約更新を拒否
6 東京都府中市美術館で「燃える東京・多摩　画家・新海覚雄の軌跡」展が「内容が偏っていると中止の可能性も含めて再検討」を指示されたと，同館学芸員がネット上で発信し話題に．その後内部協議を経て開催
6 精神科医香山リカの講演会が，東京・江東区社会福祉協議会が妨害予告を受け中止
8「平和のための戦争展」，福岡市が後援取り消し
10 アクティブ・ミュージアム「女たちの戦争と平和資料館」に，「朝日赤報隊」を名乗る者から爆破予告の葉書が届く
11 沖縄の米軍新基地建設抗議運動中に威力業務妨害の疑いで市民 4 人を逮捕，長期勾留

2017. 4 群馬県立近代美術館「群馬の美術 2017」で，県立公園群馬の森にある朝鮮人労働者の追悼碑を模した白川昌生の作品《群馬県朝鮮人強制連行追悼碑》を同館が開催直前に撤去
4 千葉市，日韓「合意」批判の展示をした等として学校法人「千葉朝鮮学園」主催の美術展と芸術発表会への補助金 50 万円の交付取り消し
報道の自由度ランキング 72 位，G7 で最下位
6 **★委員会採決の省略で「共謀罪」法強行採決**

※「表現の不自由展」作成年表，および新聞・雑誌等により岡本有佳が作成．第 2 次安倍政権発足以降，細かい事件が増え続けているが，紙幅の都合で一部の事例であることをお断りする．敬称略

「表現の不自由」をめぐる年表

★＝社会の出来事

2001. 1 「日本軍性奴隷制を裁く女性国際戦犯法廷」に関するNHK番組が政治介入で改竄

2003. 4 東京杉並の公園のトイレに「反戦」落書きをしたKさんが逮捕，建造物損壊で起訴

2004. 7 横浜美術館で障がい者の性介護を描いた高嶺格《木村さん》がわいせつ理由に上映中止

10 本宮ひろ志の漫画『国が燃える』，南京大虐殺描写への右翼の抗議により，集英社が休載に．後に該当部分を削除して書籍化

2005 **★『マンガ嫌韓流』ミリオンセラー，嫌韓嫌中の流れ始まる**

2008. 3 ドキュメンタリー映画『靖国 YASUKUNI』が右翼などの抗議で相次いで上映中止

2009. 4 沖縄県立博物館・美術館の「アトミックサンシャインの中へin沖縄」展で大浦信行《遠近を抱えて》が展示不許可．「沖縄県立美術館検閲抗議の会」が発足し，抗議

7 中学生のための「慰安婦」パネル展，在特会の妨害で三鷹市が施設利用保留．市民の抗議で開催

12 **★在特会による京都朝鮮学校襲撃事件**

2011. 3 **★11日，東日本大震災・福島第一原発事故．**東京目黒区美術館「原爆を視る」展が原発事故に配慮し延期，予算不足を理由に中止．アニメ・SFのTV番組での災害場面を自粛

8 **★韓流ドラマを多く放映するフジテレビに抗議デモ**

2012. 3 **★ロート製薬攻撃事件**

5 新宿ニコンサロンが安世鴻「慰安婦」写真展中止通告．安が提訴，2015年勝訴

8 東京都美術館「第18回JAALA国際交流展」で「慰安婦」をテーマにしたキム・ソギョン＆ウンソン《少女像》，パク・ヨンビン《Comfort Women!》が展示撤去．11月，メディア・アーティスト大榎淳らが抗議として美術館の壁に作品映像を投影

★のちにヘイト・スピーチ（憎悪言説）と言われる差別・迫害のデモが各地で始まる

★第2次安倍政権発足

2013. 1 **報道の自由度ランキング22位から53位に大下落**

4 福井市文化施設AOSSAのピースアート展で河合良信の憲法9条主題作が一時撤去

10 千葉県立中央博物館「音の風景」展で永幡幸司出品作の説明文が同意なく検閲・修正

12 **★特定秘密保護法成立**

2014. 1 大阪府泉佐野市教委が漫画『はだしのゲン』を市立小中学校の図書室から回収

2 東京都美術館「現代日本彫刻作家展」で中垣克久の《時代の肖像》が「政治的」と，現政権の右傾化批判メッセージの一部が削除

5 週刊ビッグコミックスピリッツの漫画『美味しんぼ』「福島の真実」が抗議で休載

5 京都大学医学部資料館で，731部隊への石井四郎部隊長らの関与解説パネル撤去

6 俳句「梅雨空に『九条守れ』の女性デモ」が埼玉県さいたま市大宮区三橋公民館月報号で掲載拒否．2015年6月，作者が提訴

7 群馬県は2004年に設置許可した朝鮮人強制連行犠牲者追悼碑「記憶　反省　そして友好」の設置更新許可申請を不許可処分とし，撤去要求．11月，市民らが取り消し訴訟

8 愛知県美術館「これからの写真展」で鷹野隆大《おれと》の一部がわいせつ理由で覆い隠される

★「慰安婦」報道検証記事で朝日新聞バッシング．同紙元記者植村隆と家族への脅迫開始

12 福岡県那珂川町，人権啓発イベントで町立中学校が上演予定の朗読劇が中止

2015. 1 **★数研出版の高校教科書から「従軍慰安婦」など削除．「表現の不自由展」開催**

3 中学生のための「慰安婦」パネル展，新座市教委が施設使用拒否

4 大阪国際平和センター（ピースおおさか）が運営する戦争博物館で，府議らのクレームにより旧日本軍の加害行為を示す写真パネル数十点撤去．のち廃棄

6 神奈川県大和市が，アイドルグループ「制服向上委員会」が自民党批判の曲を歌ったことで，市民団体のイベント後援を開催後に取り消し

〈編者〉

安世鴻（アン・セホン）写真家．韓国をはじめ東ティモール，インドネシアなどで，約20年日本軍性奴隷被害女性たちを取材．著者に『重重：中国に残された朝鮮人日本軍「慰安婦」の物語』(大月書店)他．

李春熙（リ・チュニ）弁護士．ニコンサロン「慰安婦」写真展中止事件弁護団．著書に『ヘイトスピーチはどこまで規制できるか』(影書房)，共編著『誰が〈表現の自由〉を殺すのか―ニコンサロン「慰安婦」写真展中止事件裁判の記録』(御茶の水書房)他．

岡本有佳（おかもと・ゆか）編集者．風工房主宰．「教えてニコンさん！ニコン「慰安婦」写真展中止事件裁判支援の会」世話人．「表現の不自由展」共同代表．共編著『〈平和の少女像〉はなぜ座り続けるのか』(世織書房)他．

〈執筆者〉

宮下　紘（みやした・ひろし）中央大学総合政策学部准教授．憲法，情報法．著書に『プライバシー権の復権―自由と尊厳の衝突』(中央大学出版部)，『ビッグデータの支配とプライバシー危機』(集英社)他．

赤川次郎（あかがわ・じろう）小説家．1976年『幽霊列車』でオール讀物推理小説新人賞受賞．「三毛猫ホームズ」シリーズ，「天使と悪魔」シリーズ，「鼠」シリーズ，『怪談人恋坂』『記念写真』他著書多数．2016年『東京零年』で第50回吉川英治文学賞受賞．

石原　燃（いしはら・ねん）劇作家．非戦を選ぶ演劇人の会実行委員．作品に『フォルモサ！』『人の香り』『父を葬る』『沈黙』『夢を見る』『白い花を隠す』他．

仁藤夢乃（にとう・ゆめの）一般社団法人Colabo代表．著書に『難民高校生』(筑摩書房)，『女子高生の裏社会―「関係性の貧困」に生きる少女たち』(光文社)

北原みのり（きたはら・みのり）作家．「ラブピースクラブ」代表．著書に『毒婦．』『さよなら，韓流』『奥さまは愛国』(共著)，『性と国家』(共著)他．

西谷　修（にしたに・おさむ）東京外国語大学名誉教授，立教大学大学院文学研究科特任教授．哲学．著書に『不死のワンダーランド』『戦争論』『世界史の臨界』『理性の探究』『アメリカ　異形の制度空間』他．

《自粛社会》をのりこえる
「慰安婦」写真展中止事件と「表現の自由」　岩波ブックレット 973

2017年9月5日　第1刷発行

著　者　安世鴻《アンセホン》・李春熙《リチュニ》・岡本有佳《おかもとゆか》

発行者　岡本　厚

発行所　株式会社 岩波書店
〒101-8002 東京都千代田区一ツ橋2-5-5
電話案内 03-5210-4000　営業部 03-5210-4111
ブックレット編集部 03-5210-4069
http://www.iwanami.co.jp/hensyu/booklet/

印刷・製本　法令印刷　装丁　副田高行　表紙イラスト　藤原ヒロコ

ISBN 978-4-00-270973-4　Printed in Japan